中华日常礼仪基础教程

第三册

宾　主

张德付　编著

中华书局

图书在版编目(CIP)数据

中华日常礼仪基础教程.第三册,宾主/张德付编著. —北京:中华书局,2019.4
ISBN 978-7-101-13778-1

Ⅰ.中…　Ⅱ.张…　Ⅲ.礼仪-中国-中小学-教材　Ⅳ.G635.5

中国版本图书馆 CIP 数据核字(2019)第 035239 号

书　　　名	中华日常礼仪基础教程　第三册　宾主
编 著 者	张德付
责任编辑	祝安顺　任洁华
出版发行	中华书局
	(北京市丰台区太平桥西里38号　100073)
	http://www.zhbc.com.cn
	E-mail:zhbc@zhbc.com.cn
印　　　刷	北京瑞古冠中印刷厂
版　　　次	2019 年 4 月北京第 1 版
	2019 年 4 月北京第 1 次印刷
规　　　格	开本/787×1092 毫米　1/16
	印张 6¾　插页 2　字数 60 千字
印　　　数	1-10000 册
国际书号	ISBN 978-7-101-13778-1
定　　　价	20.00 元

自卑尊人

洁净

礼尚往来

吊服

出版说明

　　宾主主要是处理与陌生人之间关系的礼仪模式，换言之，宾主是社交活动的基本模式。本书旨在讲明宾主之礼，全书分为宾主名义、宾主交接之道（基本原则）以及宾主交接之礼三大版块，共十四课内容。宾主名义主要包括宾主概说、宾主与五伦等内容，详细剖析宾主的基本意涵，以及宾主与五伦之间的差异；宾主交接之道主要阐明宾主交接时，所应遵循的对等、自卑尊人、差等、洁净、仁义相接、不参、往来等基本原则；宾主交接之礼，则包括介绍、名刺、相见、庆贺、吊慰等内容。因为公德背后的精神多与宾主之道相通，所以也附属于这一部分。

　　本书各课内容皆由正文、思考讨论、链接三部分组成。正文细分小节，撮举大要，以便读者能够提纲挈领。思考讨论用以检验所学、拓展思维。链接则尽量选取相关诗词，以增加阅读的兴味。

　　本书正文凡征引经史文字，为保证阅读顺畅，括注出处时，或标举书名、篇名，如"《论语·乡党》"；或标举卷数，如"《袁氏世范》卷下"。

　　本书附有配套的测评试题，试题链接二维码在封底，读者可以扫码上线自测，据以检测自身礼仪知识水平。

重建礼乐文化生活（自序）

自古以来，礼（乐可以统摄于礼）既是中华文化的"心"（民族精神所系），又是中华文化的"身"（攸关社会制度），可以说是中华文化的全副精神与面目所在。两千多年来，作为传统中国人基本的生活样式，礼陶铸着万民的品格，培蓄着民族的元气。

上世纪六七十年代，流寓香港的唐君毅先生基于自身辗转就医的经历，会悟到中华民族传统的生活方式正在消逝，遂提出重建礼乐文化生活的主张。何谓礼乐文化生活呢？唐先生说："礼乐文化生活是指人的自然生命与日常生活本身成为文化的，而文化亦是日常生活中的，亦是属于自然生命的。"（唐君毅《东方人之礼乐的文化生活对世界人类之意义》，收入氏著《中华人文与当今世界》，台湾学生书局，1975年，第606页）也就是说，礼乐文化生活，是要将人的自然生命，通过礼乐的涵养、浸润，转化为文化的生命；将日常生活，通过礼乐的塑造、融摄，升华为文化的生活。这是何等敏锐的洞见。值得庆幸的是，世运几经浮沉，而今国势日隆，重建礼乐文化生活也到了最迫切的时刻，每个人心里都涌动着对文化生活的渴求，流淌在血液里沉睡已久的文化因子终于开始觉醒。

我们该如何重建礼乐文化生活呢？晚年的朱熹于礼学有一番大的省思。

礼乐废坏二千余年，若以大数观之，亦未为远，然已都无稽考处。后来须有一个大大底人出来，尽数拆洗一番，但未知远近在几时。今世变日下，恐必有个"硕果不食"之理。

——《朱子语类卷第八十四·礼一》

虽然生于文化肇极的赵宋之世，朱熹基于儒家的理想，并不认为那是礼乐和洽的时代，他认为孔子以来的礼崩乐坏问题，还没有得到解决。朱熹预言后来者必有一番彻底整理，并指明了其方法——拆洗。礼乐有情、有文，识其文者能述，知其情者能作。拆洗就是要据文探情，推本古人制作礼乐的原理，然后秉此原理，斟酌损益，以期契于世用。因此，重建不是复古，而是创造性的再现。具体地说，对于那些适合现代生活的礼仪，我们理应加以发扬。对于那些不太适合现代生活的礼仪，我们则要谨慎地调整，然后再加以发扬。

生活于这个时代，远离战火，乐享太平，而且正迎来中华民族的伟大复兴，我们是何等的幸运！早在九十年前，梁漱溟先生就曾预言："我觉得中国之复兴，必有待于礼乐之复兴。"（《朝话·谈音乐》，收入《梁漱溟全集》第二卷，山东人民出版社，2005年，第122页）

更幸运的是，身处历史的转折点，我们终有机会成为文化的先觉者与先行者，去开启一个文明开化的新时代。《诗》云："周虽旧邦，其命维新。"此之谓也。

目录

第一课　宾主概说

　　曾子的弟子准备到晋国游历，临行之前，有些畏难，他说："我在当地没有认识的人（熟人）啊。"曾子鼓励他说："何必一定要有认识的人才可以呢，你大胆地去吧。认识的人，称之为朋友；不认识的人，称之为主人（有知焉谓之友，无知焉谓之主）。一个人只要坚守仁爱，立志笃定，处事先行后言，千里之外的人都可以成为兄弟。如果不能遵循此道行事，即便是你的亲人，也不会跟你亲近。"（《大戴礼记·曾子制言上》）在此，曾子根据"有

远行的担忧

知"、"无知"把宾主与朋友区分开来。"无知"（不认识），自然就是陌生人。可见，宾主是陌生人之间处理彼此关系的基本的人际关系模式。

　　随着城市化的加剧，社会的流动性越来越强，每年数以亿计的人们从村庄走向城市，从疏篱巷陌走向大厦广场（或移民海外），客居他乡已然成为当今社会生活的常态。如果没有宾主之礼的润滑与调节，人们似乎

注定要孤独地生活在人群之中，并会不时地发生摩擦。因此，现代社会作为"陌生人社会"，尤其需要学习宾主之礼。

宾主名义

"宾"，又称为"客"。从字形上分析，"客"字从宀（mián）各声，"宀"代表房室（主人的家），"各"是"格"的本字，有"来至"之意。王夫之谓"自外至曰客"（《张子正蒙注》语），准确地道出了客的实质。而客人的自外而至，往往只是临时停留于此。因此，许慎《说文解字》说："客，寄也。""寄"就是强调这种临时性。对由外而至的客人，主人要给予充分的尊敬。因此许慎又说："宾，敬也。"（《说文解字》卷七）相对自外而至的宾客，居于原处，接待的一方，自然就成为主人。

宾主关系，从逻辑上讲，宾先于主，若无宾客，不成其为主人。宾主的身份会随着交际活动的结束而消失（临时性），也会随着交际场合的变化而发生转换，可以角色互换，"迭（dié，轮流）为宾主"（交互性）。综合起来，我们可以这样说：宾主是人际交往活动中虚设的位置。虚，就是指宾主关系的临时性与交互性。

人自外至曰客。外，是相对于内而言的。这里的"内"与"外"，都可小可大。"内"一般是指主人所居之处，小而为家庭，大而为所在地区，乃至国家。由此，宾主便具备了普遍而广泛的意义。传统社会称佣工为客作、客佣，就是因为佣工与雇主之间存在一定的宾主意味。东汉公沙穆到太学游学，因为没有生活费，就变服客佣，为吴祐舂米。吴祐与他交谈，大为惊异，两人遂定交于杵臼（chǔ jiù）之间（《后汉书·吴祐传》）。地主称租种其土地的农人为佃客，商主称照顾其生意的来人为客官（今称为顾客），他们之间也存在宾主的关系。富裕的人家邀请老师教育子女，师称主人为居停（居停主人的简称），主人称师为西席（亦称西宾。之

所以称老师为西席，与宾主交往时座位的安排有关，详后）。**达官贵人邀请精通法律、会计的人辅佐自己，官曰东主，幕曰西宾**（刘禺生《世载堂杂忆·张之洞罢除宾师》）。既然称之为宾，就与一般的僚属不同，要待之以宾客之礼。

人类历史上，发生过很多次大规模的人群迁徙运动，都是移民为客，原居民为主。自古以来，国家与国家之间，其外交活动也要分宾主。这些宾主关系，具有更宏阔的意义，若处置不当，有可能会酿成民族矛盾、国际争端。如此看来，小到寻常百姓间的日常往来，大到国家间的外交活动，均需要遵循宾主之礼行事。

另外，若是同样寄寓他乡，两人交往时，根据礼仪的原则，先至为主，后来为宾。传统社会有"行客拜坐客"（文康《儿女英雄传》第十二回）之说。坐客，是指先客居某地的人。行客，则是后来至此地的人。依礼，行客要先去拜望坐客。至今，民间仍然遵循"行客不拜，坐客不请"的习俗。

宾主资格

虽然对成人的界定或有不同（古代男子二十、女子十五成人。现代社会，男女都以十八岁为成人），但是无论古今中外，宾主交际都是成人世界的事情，属于"成人之道"（《礼记·祭义》），童子不具备正式参与社交活动的资格。

《论语》中出现过两位童子，一位是互乡童子，一位是阙党童子。互乡民风不太好，乡人不受人待见。互乡的一位童子来拜见孔子，孔子接见了他，予以勉励。弟子们感到疑惑。孔子解释说，我们应该与人为善，人家洗得干干净净而来，就不必追究他之前的不干净了（《论语·述而》）。弟子们之所以疑惑，除了互乡民风不好外，就是按礼，童子没有资格与孔子行宾主之礼。对阙党童子，孔子则颇有微词。

阙党童子将命。或问之曰："益者与?"子曰："吾见其居于位也，见其与先生并行也。非求益者也，欲速成者也。"（《论语·宪问》）

这孩子他不是来请教的，他是想急于求成。

阙党童子访孔子

童子可以做些替宾主传达信息的事情，但他并不具备与成人分庭抗礼的资格。在社交活动中，童子坐在角落里，不可与成人并坐（《礼记·檀弓上》）。与成人共同行走时，童子应该跟随在成人身后，不宜并行（《论语》包咸注）。阙党童子则大模大样地坐到成人中间，与先生并肩而行。因此，孔子说，他不是来请教的，他是想迅速成人。

孟子车幼时曾去拜见子思。子思非常欣赏这位后生，就让儿子孔白侍坐，对他尊敬有加。孔白心中有些不情愿。客人离去后，孔白请教父亲："我听说士人没有经过中间人介绍不会相见，孟孺子（孺子应指十五岁以下。《礼记·内则》）没有介绍人，大人为何接见他，并对他如此尊敬？我想不通，敢问其缘故何在？"子思首先肯定孔白持论的理据是成立的，但他搬出孔子与程子途中相遇，一见如故的事情，来应对无介不相见的说法。然后说："孟子车虽然只是一位孺子，但他言称尧舜，性乐仁义，世所稀有。恭敬地侍奉他都可以，更何况只是对他表示尊敬呢？"（黄以周辑《子思外篇》卷之七）

东汉末年有一个名叫张既的人，出身卑微，少年时在郡中担任书

佐（官名，掌文书），当时并未知名。但是游殷（东汉末年人）却非常看重他，不嫌弃他出身不好，隆重邀请他到家中做客，设盛宴款待。妻子对游殷说："你也太荒唐了吧。张既只是一个童昏小儿，又不是什么贵客，至于如此吗？"游殷说："你不要责怪，张既将来必成大器。"宴会上，游殷跟张既讨论霸王之事，最后还把儿子游楚托付给张既（《三辅决录》,《太平御览》卷三百八十五引）。

孔白、游妻的质疑，是合乎情理的。童子由于心智还不成熟，无法对自己的言行负完全的责任，因此社会不赋予他们正式参与社交活动的资格。若童子与成人行宾主之礼，基本上都被视为超出常理之外的事情。

一个人只有举行成人礼（男子冠礼、女子笄礼）之后，完成从童子到成人的身份转变，才有资格与社会上其他的成员（成人）叙宾主之礼。

宾主与礼

宾主与人性

人是社会的存在（或社会性动物），交往（或交际）是人的自然秉性。人类如果不相互辅助，就无法生存于天地之间。人只要相互交往，就自然会有宾主的区分。这是任何人都摆脱不了的，因此孟子说"礼之于宾主也，命也"。两人相互交往时，如果没有恭敬之心，就无法顺利地达成交往的目的。那颗恭敬之心，是每个人生而具备的。所以孟子又说，"有性焉，君子不谓命也"（《孟子·尽心下》）。

人的交往性，自然有使其具有将其行为处理得合宜、得体以获取对方认可的动机。这种动机，我们不妨称之为趋宜性（或趋义性）。于是，一个人的某种合宜的行为方式为对方所认可，并为其所处人群中的其他成员所效法，渐而这种合宜的行为方式就为人群所普遍接受，即成为人群约定俗成的规则。这样慢慢造就了人群的行为规范体系，也就是礼俗

（周德伟《周德伟论哈耶克》，北京大学出版社，2005年，第127页）。所以，礼根于人性，自发生成，是人群集体智慧的结晶，不是某个个人的才智所能成就，也不是大圣贤聆取神天之意而加以设计的产物。

礼俗既已凝成，百姓日用不知。于是，有圣人出，阐明礼俗的本原，把它制度化。周公制礼作乐，就是将原本幽暗的群体意识（百姓日用不知）加以自觉化。礼为周公制作，乃华夏之心，它是华夏民族在漫长的历史演化过程中，自发生成而又自觉选择的一种生活方式。

礼宾

以上是从人性的角度来讨论宾主与礼的关系。若从人际交往的一般情形来讨论，诚如东汉礼学家郑玄所谓，"古者有吉事，则乐与贤者欢成之；有凶事，则欲与贤者哀戚之"，等到事情办妥之后，主人要以一定的方式答谢宾客（郑玄《士冠礼注》语）。这是人际交往的一般模式。我们不妨把这种交往模式称为宾主常礼（一般性宾主之礼）。在这样的交往中，宾主双方各有所应秉持的原则，宾主关系得以充分地展现。在古礼中，主人酬谢嘉宾的方式是用"醴（lǐ）"（类似今天的米酒）这种饮品招待嘉宾，因此称之为"醴宾"（或"礼宾"）。

在《礼经》中，醴属于非酒精性饮料（"浆"或"饮"），与酒的性质大不相同。这是因为，周公制礼作乐的社会背景是商纣王酗酒亡国，周人以殷为鉴，厉行酒戒，所以周公制礼时，就规定一般社交场合只能饮醴，不可饮酒，否则要受到严厉惩罚。醴之所以被命名为醴，就是因为它是运用在人际交往的一般礼仪之中。醴与礼是一体的，它代表理性清明，是礼乐文化的物质载体。与之相反，酒则会让人迷狂，失去理性。令人惋惜的是，醴的酿造方法失传已久。但是，饮茶之风继之而起，茶遂取代了醴在礼仪中的作用（客至奉茶，朱子《家礼》已然），成为理性清明象征，与酒并峙。

思考讨论

为什么童子不具备与成人叙宾主之礼的资格？请结合自己的切身经历谈一谈。

链接

有 客

有客有客，亦白其马。有萋有且（jū），敦琢其旅。有客宿宿，有客信信。言授之絷（zhí），以絷其马。薄言追之，左右绥之。既有淫威，降福孔夷。

（《诗经·周颂》）

除夜宿石头驿

唐·戴叔伦

旅馆谁相问，寒灯独可亲。一年将尽夜，万里未归人。
寥落悲前事，支离笑此身。愁颜与衰鬓，明日又逢春。

（高步瀛《唐宋诗举要》卷四）

第二课　宾主与五伦（上）

　　"冀缺一农夫，妻敬俨如宾"（白居易《赠内》），讲的是春秋时代冀缺的故事。有一次，晋国臼季（胥臣）出使他国，经过冀地，看见冀缺在锄草，其妻送饭，夫妻之间相待如宾。臼季认为"能敬必有德"，就把冀缺推荐给晋文公（《左传》僖公三十三年）。冀缺不负所望，最终成为著名政治家。

　　夫妇居于五伦之首，相敬如宾，则并非完全像宾主那样交接。那么夫妇与宾主究竟有哪些区别？父子、兄弟等门内关系与宾主之间的关系又如何呢？

夫妇：相敬如宾

　　古时，人们称妇为"嫔"（pín）。从文字上分析，嫔有"女子来而为宾"之意。尧把女儿嫁给舜，是"嫔于虞"（《尚书·尧典》）。那时，舜还只是一介布衣。太任嫁给王季（周文王之父），"来嫁于周，曰嫔于京"（《诗经·大雅·大明》）。王季则是一方诸侯。可见，古时不论是平民，还是王侯，其配偶都可以称"嫔"。这应该是上古的遗俗。

　　女子来嫁，犹如宾客自外而至。这是夫妇与宾主的相似性。但是宾客的来至只是暂时的，终要离去。传统社会，妻子除非犯了"七出"，否则不会离开（省亲只是暂时离开）。人们把女子出嫁称为找到了自己的归属（妇人谓嫁曰归。《诗经·周南·葛覃》毛传语）。所以，夫妇之间相敬如宾，就如同宾至如归一样，关键都在一个"如"字上，"如"点明了夫妇与宾

主之间的相似性，也暗示两者之间存在着本质上的差异。

《丧服传》说："夫至尊也。"又说："妻至亲也"(《仪礼·丧服》)。传统礼仪，妻以夫为至尊，夫以妻为至亲。在至尊、至亲的综合作用下，传统夫妇关系的理想状态呈现为"挚而有别"(《诗经·周南·关雎》毛传语)。即使在崇尚男女平等的今天，夫妇之间"挚而有别"也是人们所向往的理想状态。因此，夫妇之间不可以叙宾主。夫妇之间若叙宾主，则偏于"有别"，情谊的表达不足，显得过于疏离了。

东汉梁鸿、孟光夫妇隐居吴地，以为大户人家（皋伯通）舂米为生。每次下工回来，孟光都为丈夫准备好食物。进献食物时，孟光把食案举到跟眉毛一样的高度（举案齐眉）。皋伯通发现之后，心想："为人佣工，却能让妻子如

举案齐眉

此恭敬，一定不是一般人。"皋伯通就请他们住到自己家中，予以善待(《后汉书·逸民传》)。礼仪规定，一般情况下，捧持物品，高度要与心齐平（奉者当心）。为诸侯捧持物品时，与心齐平即可。为天子捧持物品，则要高于心(《礼记·曲礼下》)。孟光举案齐眉，是以至尊之礼对待丈夫，表示对丈夫恭敬之至。可见，并不能简单地把举案齐眉当作相敬如宾的案例。

父子：不叙宾主

《丧服传》说："父至尊也"(《仪礼·丧服》)。父子一体，就像首与足。子女之于父母，仁恩与严敬并重，因此父子之间（包括母子）不可以叙宾主。

人们把父母称为"严君"(《周易·家人·彖》)。《孝经》也说"孝莫大于严父"。父母对于子女来说，既是至尊，又是至亲。这里所说的"严"

是偏于"至尊"一方面来讲的，强调的是对父母的严敬。若全面考量父子之伦，应该加上"至亲"（仁恩）才算完备。而且，父子主恩，终究要以爱（"至亲"）为彼此相处的第一位原则。

一个人举行成人礼（男子冠礼，女子笄礼）之后，完成从童子到成人的转变，才能具备与社会上其他成员（成人）叙宾主之礼的资格。加冠之后，正宾为冠者取字（表字）。这样，他参与社交活动时，别人就称其表字，不直呼其名。而父母不管在什么场合，都可以直呼子女之名。

成人后，不管子女离开家乡多远，离开父母多久，回到家中，他们都依然是为人子女者，不可以宾客自处。

兄弟：不叙宾主

《丧服传》说："昆弟一体也"（昆，兄也。《仪礼·丧服》）。兄弟同气连支，如同手足，相处以亲情为主，也不可以论宾主。

古礼，若是父母去世，亲友前来吊丧，根据关系的亲疏，主人与他们之间所行礼仪大有不同。大功兄弟（《礼经》称"昆弟"）不必让人向主人通报，直接进入。小功以下的兄弟（《礼经》称为"庶兄弟"。未出五服）则需要向主人通报，但主人并不出门迎接。若是朋友前来吊丧，主人则要出门迎接。可见，主人对待朋友是用宾主之礼。兄弟与朋友之间的礼数的

父子兄弟不叙宾主

差异，不正表明兄弟不叙宾主吗？直到今天，寻常百姓家中办理丧事，五服之内的亲人都要前来帮忙，而且不是以宾客的身份出现在丧礼中。

兄弟之间，不论是亲兄弟、大功兄弟（从父兄弟），还是小功以下的兄弟（从祖兄弟、族兄弟），因为有着天然的血缘联系，都不可以叙宾主。如果兄弟之间叙宾主，就违背了伦常之道，有损于亲情。

综上所述，夫妇、父子、兄弟三伦都不可以叙宾主。这三伦都可视为门内关系（夫妇兼跨内外），这就与宾客是"人自外来"的性质大不相同。夫妇兼跨内外，妻子确实是自外来，但宾客的来至是"临时性"的，妻子则不然。所以，夫妇之间充其量只能如宾而已。

思考讨论

怎样理解夫妇之间的"相敬如宾"？

链接

虞美人·赠卢坚叔

宋·张孝祥

卢敖夫妇骖（cān）鸾（luán）侣，相敬如宾主。森然兰玉满尊前，举案齐眉乐事、看年年。

我家白发双垂雪，已是经年别。今宵归梦楚江滨，也学君家儿子、寿吾亲。

（张孝祥《于湖词》卷二）

第三课　宾主与五伦（中）

　　秦昭王时，穰（ráng）侯（昭王之舅）为相，华阳君（昭王之舅）、泾阳君、高陵君（两人都是昭王之弟）三人轮流为将。因为太后的缘故，四人权势煊（xuān）赫，大有凌驾于国君之上的势头。范雎（jū）刚到秦国，就洞悉了秦国的政局，向昭王上书言事。昭王尊礼范雎，表示愿意"敬执宾主之礼"，并拜范雎为"客卿"。最终，秦昭王采纳范雎的建议，废黜太后，放逐穰侯、华阳君、高陵君、泾阳君，牢牢抓住了政权（《史记·范雎蔡泽列传》）。昭王因此对范雎极为尊敬，表示要像齐桓公对待管仲那样，"亦以为父"（《战国策》卷五）。

　　所谓"客卿"，是指其爵位为卿，但是国君并不以臣礼相待，而是以客礼相待。这就涉及君臣之伦与宾主交接的关系。君臣是否可以叙宾主呢？同样属于门外关系的朋友一伦又如何呢？

君臣与宾主

君臣

自己人，不讲宾主

君臣一般不叙宾主

　　《丧服传》说："天子至尊也。"这是对诸侯而言，诸侯为天子之臣。又说："君至尊也"（《仪礼·丧服》）。这是诸侯相对于本国臣子而言。既然人君是至尊，那么就无

人可以与之匹敌行对等之礼，所以一般来讲君臣之间不可以叙宾主。凡是遇到必须叙宾主的地方，其礼仪都要加以调整。

嫁女于臣

我们知道，天子的女儿称为"公主"。"公"指同姓诸侯，"主"指主婚。这样的称谓，意味着天子嫁女，要请同姓诸侯主婚，而不可以亲自主婚（《公羊传》庄公元年）。周天子嫁女，就经常请鲁国主婚。为什么要这样做呢？因为婚姻（妇之父曰婚，婿〔xù〕之父曰姻。《释名》卷三）双方在行礼过程中是宾主关系，讲求的是敌等。既然双方已有君臣之分，君是至尊，如果照常举行婚礼，则臣子有敌等于君主的嫌疑，这样就会伤害君臣之义。如果严格按照君臣之礼行事，则臣不敢先求婚，君又不宜直接赐婚，若赐婚则有伤风化，败坏夫妇伦常（阳唱阴和），婚礼也就无法正常举行（《公羊传》庄公元年）。

因此天子嫁女，礼仪加以变通，使同姓诸侯代为主婚以与臣子缔结婚姻。这样既保全君臣之义，又保证婚礼正常举行，而且顾及夫唱妇随的风教，一举多得，不能不说这是非常高明的举措。基于同样的考虑，诸侯要嫁女儿给本国的大夫，也请同姓大夫代为主婚。

天子无客礼

虽然都是人君，但天子相对于诸侯来说，又更为特殊。天子以四海为家，"天子不言出"（《礼记·曲礼下》），"王者无外"（《公羊传》隐公元年）。《礼记·郊特牲》说：

> 天子无客礼，莫敢为主焉。君适其臣，升自阼（zuò）阶，不敢有其室也。

天子至尊，无人可以与之敌等，因此没有做客之礼。一般宾主之礼，主人从阼阶（东阶）升堂，宾客从西阶升堂。但君主到臣子家里去，则要从阼阶升堂。这就是"无客礼"的一种表现。

燕饮立宾主

宾主是社交活动中必不可少的虚位。君与臣行礼时，既然不可以像常人一般宾主互相敬酒，势必也要加以调整。君臣举行燕饮之礼时，君主不可以以主人的身份出现，要临时设立主人与宾。一般是让爵位不高的宰夫作为献主，代替国君与臣子行宾主之礼。宾，则要以大夫充任，不可以让公、卿为宾。因为公、卿爵位太高，逼近国君，如果再以他为宾，向他致敬，有比拟于国君的嫌疑（《礼记·燕义》）。这种变通，既能保全君臣之伦，又足以尽宾主之欢，可谓两全其美。

不臣三恪

天子虽然是至尊，但并不是没有应当尊敬的人。礼规定，天子不臣三恪。周天子分封舜、夏、殷三朝子孙为诸侯，待之如宾客，因此称为三恪。三恪对于周天子来说，就相当于客人，周天子不可以把他们当作臣子看待（以客礼见天子，天子弗臣。《史记·五帝本纪》）。黄父之会（春秋末年吴国倾全国之兵逐鹿中原与晋会盟的一次历史事件）上，赵简子命与会诸侯提供粮食给周天子。宋国大夫乐大心断然予以拒绝其理由相当堂皇——"我于周为客"（《左传》昭公二十五年）。宋是殷人之后，在三恪之列。既然宋国对周天子来说是客，按礼，主人应当给宾客提供人马所需要的食物、草料，绝没有宾客反要给主人提供粮食的礼仪。因此乐大心诘问赵简子，"怎么可以役使宾客？"虽是推托之词，却也合乎宾主之义。

不纯臣诸侯

天子不可纯以对待臣子的礼仪对待诸侯（不纯臣）。因为诸侯作为一国之君，世代相传，理当受到尊重。诸侯在名义上虽然也是天子的臣，但天子不可以用对待本朝臣子的礼仪对待诸侯。天子对本朝臣子是纯臣，对诸侯就是不纯臣。本朝臣子来朝见，天子不迎接。诸侯朝见，天子要迎接。而且诸侯要从西阶（宾阶）升堂。这些礼仪都表明诸侯与天子之间有一层宾主关系在。直到诸侯回国之前，天子才在祖庙里，跟诸侯正君臣之礼。

不纯臣，名义上是臣，实际是合作伙伴

诸侯（股东）　　君王（董事长）

不纯臣诸侯

不臣寓公

诸侯失国，流寓他方，称为寓公。主国之君对于寓公不可以臣礼相待。一般情况下，臣子为国君服斩衰（cuī）三年之丧，但是寓公为主国之君只服齐（zī）衰三月之丧（《仪礼·丧服》）。之所以如此规定，因为寓公与主国之君之间存在宾主之义。但寓公的儿子就是主国之君的臣子了，因为寓公不世袭（寓公不继世。《礼记·郊特牲》）。

优礼贤者

即便对本国的臣子，有时候国君为表示优礼贤者，也不可以纯以臣礼相待。王安石认为道隆德骏的士人，即便是天子，也要"北面而问焉，而与之迭为宾主"（王安石《虔州学记》）。宋高宗认为此语违背君臣之道，"背经悖理甚矣"（脱脱等撰《宋史》卷三四五《陈瓘（guàn）传》）。其实，王安石的观点是历史的事实，一些大臣与国君的关系确实介于君臣、宾主之间。

战国时代，贵族们为了显示自己礼贤下士，大都喜欢养客。齐国孟尝君、赵国平原郡、魏国信陵君、楚国春申君，号称四大公子，各养门客数千人。门客与他们之间的关系同样也介于君臣、宾主之间。这种风气对后世影响甚巨且远，一直到民国都还存在类似的情况。

君臣与宾主之间的关系比较复杂。君臣之伦本来不宜叙宾主，因此凡遇到必须叙宾主的地方，其礼仪都要加以调整，如嫁女于臣、君臣燕饮。另外，天子尊敬三恪与诸侯、国君优礼大臣等，往往待以宾客之礼，以表示"不纯臣"。

朋友与宾主

五伦中的朋友，其范围比较狭隘。我们通常所说的朋友，则比较宽泛。古礼对吊丧的规定，尤其可以见出朋友一伦的实质。如果一个人的父母去世，除了亲戚外，还会有很多人前来吊丧。礼根据其人与孝子交情的浅深，把宾客分为相趋、相揖、相问、相见、朋友五个层次。相趋，是指与孝子本不相识，只是曾经听闻其姓名，平生素未谋面，但是觉得其人值得交往，就来会葬。相揖，是指曾经在某处打过照面，相揖作礼，但私下里没有深入交往。相问，是指私下里曾经相互馈赠礼物。相见，是指曾经亲自执挚（通"贽"，礼物）相见，有过来往。朋友，则情谊笃厚（《礼记·杂记下》）。前人用"畴昔情重，生死同殷"（孔颖达《礼记正义》语）来表达朋友与相见等关系的不同，比较贴切。可见，相趋、相揖、相问、相见，在古礼中并不能算作朋友，相揖、相问、相见只可以说是熟人（古称"知识"，认识的人。佛家所谓"善知识"、"恶知识"，其中"知识"即是此意）。

不管是相趋、相揖、相问、相见，还是朋友，既然人家前来吊丧，那与丧主之间就都是宾主关系，都要以宾礼相待。朋友可以叙宾主，但宾客不限于朋友，宾客更不等于朋友，这是非常明确的。宾朋合称，直到今天还是如此，足证不论古今，人们心中宾客、朋友实不相同。

其实，宾客、朋友是从不同的角度对交往对象所做的定位。宾客，是从对方自外而至的角度，相对自身居于原处而说的。宾主的身份在一定的社交场合，不容颠倒，也就是不可以"喧宾夺主"或"反客为主"。若社交场合变化了，宾主的身份就要转变，因此可以"迭为宾主"。朋

友，则是从两人因道义相合而已订交的角度来说的。朋友在任何情况下，都是相互的，不是彼为此之"朋"，此为彼之"友"，而是彼此互为"朋友"。

虽然同属于门外关系，但君臣一伦中，国君至尊，与宾主敌等相矛盾，所以君臣一般情况下不可以叙宾主。战国贵公子与门客之间的关系与一般宾主略有不同，带有一定君臣之伦的色彩。由于养客之风影响深远，某种程度上这也致使后人对宾主的认识发生扭曲。五伦之中，唯有朋友一伦可以毫无障碍地叙宾主。朋友与宾主存在交集，但不容混淆。其实，我们完全可以把宾主交际看成是陌生人向熟人过渡的一个环节。

思考讨论

宾主之礼与朋友之交有怎样的不同？

链接

过故人庄

唐·孟浩然

故人具鸡黍，邀我至田家。绿树村边合，青山郭外斜。
开轩面场圃，把酒话桑麻。待到重阳日，还来就菊花。

（高步瀛《唐宋诗举要》卷四）

碧涧别墅喜皇甫侍御相访

唐·刘长卿

荒村带返照，落叶乱纷纷。古路无行客，寒山独见君。

野桥经雨断，涧水向田分。不为怜同病，何人到白云。

（高步瀛《唐宋诗举要》卷四）

第四课　宾主与五伦（下）

　　《红楼梦》中，妙玉从小出家，带发修行，自称"槛外人"。"槛外人"，也称"方外人"。"方外人"，指不涉尘世或不拘世俗礼法之人。这"方"说到底其实就是人伦。然而，方外之人可以跳出"五伦"，却终究跳不出"宾主"。

　　晋代郭文，为父母服完丧，不娶妻，只身到处游历。中原沦陷后，他隐居在余杭大辟山中无人之处，住在树上，生活了十几年。由此，不少人，如顾飏（yáng）、葛洪等，慕名造访。王导听闻其名，就派人迎接他，将他安置在自家的西园，因为园中果木成林，而且有不少鸟兽麋鹿。郭文在王导的西园居住了七年之久（《晋书·郭文传》）。在此期间，他没有任何人伦关系的羁绊，但他与王导之间，实际上则是一种宾主关系。

　　我们知道僧人出家修道，抛开父母、妻儿，也相当于跳出了"五伦"，但他们同样跳不出"宾主"。唐代道宣律师（南山律宗开创者，世称南山律师）曾做过一篇《宾主序》（《全唐文》卷九百十），对僧人间宾主交接之道，加以阐发："为主者倘存仁义"，就能感召十方僧人聚集；"为宾者怀恭执礼"，就能到处受人欢迎。其实，佛家的戒律里面就有不少关于宾主交接的规定。为什么方外之士也摆脱不了"宾主"关系呢？

出门如宾

　　孔子说："出门如见大宾。"（《论语·颜渊》）"出门"道出了宾主关系的关键所在。居于故处，为主。一旦离开，就成了宾（客）。即便是僧人，也是如此，居于原来的庙宇，他就是主（佛家称为"旧比丘"）；一旦离开，来到一座新的庙宇，他就成了宾（佛家称为"客比丘"）。宾主，是彼此对待的关系，只要出门交往就会产生宾主关系。宾主关系根源于人的社会性（交往性）。一个人即便选择与鸟兽同群、木石同居，这种社会性仍然是无法消弭的。

出门如宾

既然"出门"就会产生宾主，宾主关系自然不能适用于"门内"三伦（父子、兄弟、夫妇）。父子、兄弟是天属血亲，万不可叙宾主。夫妇、君臣作为义合之重者，双方之间可以"如宾"，却很难成为真正的宾。唯有朋友，是义合之轻者，才可以叙宾主。

礼教双核

《礼记·王制》说："司徒修六礼以节民性，明七教以兴民德"。"六礼"，是指冠礼（成人礼）、婚礼、丧礼、祭礼、乡饮酒礼、相见礼。"七教"是指父子、兄弟、夫妇、君臣、长幼、朋友、宾客。"六礼"中，冠、婚、丧、祭是家族礼仪，乡饮、相见则属于宾主礼仪。"七教"中，前六者属于伦常的范畴（人伦），宾主则在伦常之外（相对于"人伦"，可视为"人际"）。

"六礼"、"七教"隐然有一种对应关系，即冠礼、婚礼、丧礼、祭礼对应五伦，而乡饮酒礼、相见礼则对应宾客。家族礼仪，主要处理人伦（熟人）关系，由家族礼仪的发达而塑造出"宗族社会"（"熟人社会"）。宾主礼仪，主要梳理人际（陌生人）关系，我们可以推见，由宾主礼的发

达，必然能塑造出一个"陌生人社会"。

可以这样说，宾主是人际交往活动的虚位，主要面向陌生人（向外）；夫妇、父子、兄弟、君臣、朋友五者是人伦关系的定名，主要面向熟人（向内）。所谓虚位，是指交往时才会出现，而且可以相互转化。所谓定名，是指有固定的位分，夫夫妇妇、父父子子，不可或易。宾主具有向外性、开放性，五伦具有向内性、封闭性。五伦与宾主，犹如礼教的双核，一内一外，一阴一阳，由此才可能塑造出一幅完整的人间图景。

有趣的是，《周易》中有家人和旅两卦，分别代表五伦与宾主。家人卦（离下巽上）旨在正家，家庭成员要做到父父、子子、兄兄、弟弟、夫夫、妇妇，各尽其分。旅卦（艮下离上）象征离开故土，寄寓他乡。

宾主、五伦的历史因缘

我国传统社会表现出"熟人社会"（"宗族社会"）的面相，"陌生人社会"却没有得到充分的发展（参费孝通《乡土中国》）。

宾主、五伦在历史中其命运何以如此不同？伦常关系，其相互之间的义务、责任强，人们往往难以恪尽其职分，其关系也容易弛懈。尤其是到了世运艰难的时候，人性的阴暗面暴露无遗，人伦关系也就难以正常维系。所以前人说，"世道衰，人伦坏"（欧阳修《新五代史·义儿传序》）。儒者为挽救世运，不得不加以倡导，以激发人性光明的一面。由此，人群对五伦的践履状况（即敦伦程度），在历史中，往往与世运形成共振：社会安定，则伦常稳固；社会动荡，则伦常隳坏。宾主之际呢，其义务、责任较轻，容易履行，而其关系也因此能够永远得到维系，而不会衰颓。亦即，政治、经济等社会因素对宾主关系影响甚微，其遭到破坏的流祸也没有彰显出来。或许，正是由于宾主、五伦在历史中的遭遇不同，才使中国社会最终呈现出熟人社会的面相吧。

宾主的意义

百姓在日常生活中，虽然一直遵循宾主原则行事，却没有引起礼学家的充分重视。那么，中国社会以"熟人社会"的面相示人也几乎成了必然。近代以来，随着社会转型的加剧，其不足之处逐渐暴露出来。时至今日，有学人指出"如何为陌生人设计新礼是时代任务"（方朝晖《当下中国最根本的任务是文明重建》），确实把握住了时代的脉搏。殊不知，古圣先贤在这方面早已做出了深邃的思考与系统的规定。因此，发掘宾主的意涵与其礼仪条文，对文明的重建，对社会现实的应对，都有积极的作用。《周易》说，"旅之时义大矣哉"（《周易·旅·彖》），放在当今社会，其意义岂不是尤其深广宏大吗？

思考讨论

有学者指出，在"陌生人社会"逐渐形成的今天，"如何为陌生人设计新礼"已然成为一种时代任务。对此，你有哪些建议和看法？

链接

雨中过欧阳编修馆题竹木画上

明·王绂

我生本寂寞，况兹久羁旅。偶君素心人，来往迭宾主。
秋声动高树，暝色渺烟渚。孤馆坐题诗，萧萧正风雨。

（钱谦益《列朝诗集》乙集）

第五课　宾主交接之道（上）

晋代杜宣本来是太守，后来被贬为万年县县令。杜县县令王攸（yōu）前来拜访，杜宣没有出门迎接。王攸气愤地说："你以往是太守，是我的上级。但是，现在你跟我平级，你凭什么不出门迎接我呢？你把我当作小麻雀，难道我会畏惧一只死了的鹞（yào）子吗？"（《晋书·王育传》）王攸为人势利，固然令人不齿，然而他这番话，却充分表现出宾主交接要遵循一定的原则（此处为对等）行事，否则就有可能招致对方的不满。

王攸访杜宣

宾主交接都要遵循哪些原则行事呢？下面，我们就来分析下宾主交接之道。

对　等

　　钱穆先生曾经说过，礼是以对方的存在作为前提的，而且对对方多少是怀有敬意的。钱先生此语颇能把握礼仪的精神，但是力度尚嫌不足。确切地说，礼是要承认在我之外存在与我对等的他者（心存他人），并且必须给予对方以充分的尊重。对等，礼中也称敌等，是指在承认彼此之间存在差异（比如性别、职业等）的基础上，给予对方以相当（或相等）的对待。

　　宾主之间的对等关系，在传统礼仪主人迎宾的仪式中，表现得淋漓尽致。古人用"分庭抗礼"来表达主人迎宾时所蕴含的对等关系。宾客来至主人大门外，主人要出门迎接。主人将宾迎入寝门（或庙门）后，主人走庭中东侧的道路，宾客走庭中西侧的道路（此即所谓"分庭"），每遇到转弯的地方（或空间转换处），主人都要与宾客谦让一番，然后行进，宾主所行礼仪相当（此即所谓"抗礼"）。另外，宾主对等，在宾主交接过程中，时时、处处都有表现。比如，宾主交接时，所穿服饰相当，彼此赠送的礼物也相当。

　　两个国家之间的外交活动，必然会有宾主之分，属于宾礼的范畴，因此也要遵循对等的原则。若是一国国君到另外一个国家访问，两国国君之间就要行完全对等的礼仪。比如，迎宾时，主国国君要在大门外迎接敌国（指对等的国家，不是敌对的国家）国君，与一般的宾主礼仪完全一致。如果是大夫作为使臣的话，主国国君与使臣之间，基本上也要行对等的礼仪。主国国君对本国臣子是不迎接的，但要在大门内迎接敌等国使臣（比迎接其国君降一等）。使臣虽然比主国国君爵位低一等，但进入大门后，并不需要作出走主人之阶的表示，而是直接走庭西的道路，从西阶升堂，与主国国君分庭抗礼。这是因为，此时使臣代表的是本国国君（或本国），不如此，不足以维护国家的尊严。我们今天如果参与外事活动，尤

其要注意遵守对等的原则，因为那时我们代表的不仅仅是自己，而可能是某个集体，乃至整个国家。只有遵循对等原则行事，才能不卑（不卑躬屈膝）不亢（不高傲自大），充分表现出自尊与对他人的尊重。

自卑尊人

万章请教孟子："人与人交往，应该秉持怎样的心态呢？"孟子回答说："恭敬。"（《孟子·万章下》）礼仪的本质，说到底就是一个"敬"字（礼者，敬而已矣。《孝经》）。我们要表示对对方的敬意，不外乎下面两种方式：一、放低自身的姿态。二、抬高对方。传统礼仪，则是要二者兼备。《礼记·曲礼上》明确地指出："夫礼者，自卑而尊人。"自卑，其实就是自谦。

宾主交接时，主人对宾客处处谦让，时时致敬，而宾客也要积极地以谦抑、恭敬来回应。迎宾时，主人总要作揖谦让，请宾客先行；宾客则要回礼，请主人先行。这些都是表达谦退之意。宾主在行礼过程中，不避繁琐地拜来拜去，则主要是表达尊敬之意。

经过几千年的礼乐教化，中国人早已养成"卑以自牧"的品格。即便是没有受过教育的农妇，在待人接物的过程中，也会遵循"自卑尊人"的原则行事。凌叔华幼时，跟一

四婆的谦逊

位农妇四婆相处得非常和洽。在得知凌淑华一家要搬到北方后，四婆做了两大碗菜，送给凌家，说："乡下菜没什么吃头，就当尽我一点心意吧。"（凌叔华著、傅光明译《古韵——凌叔华的文与画》第三章，山东画报出版社，2003年，第27页）那两大碗菜有可能是四婆一生所能准备的最丰盛的饭菜了，但她还是谦虚地说"没什么吃头"。平常人家来了客人，精心准备了一桌佳肴，最后还要说，"粗茶淡饭，招待不周"。

自卑尊人作为宾主交接的原则之一，其他民族、群体基本上也遵循着，只是没有像中国人贯彻得那样彻底。民国时期，在巴黎，中国的总领事在一家大饭店设宴请客。他按中国的习惯致辞时说，准备的饭菜不好，请多包涵。结果，第二天，饭店经理对那位领事提出控告，说他侮辱了饭店的名誉，影响了生意（凌叔华著、傅光明译《古韵——凌叔华的文与画》第十八章，第172页）。那位经理不了解中国人的礼仪习惯，才会发生误会。

差　等

现实中，人与人之间血缘关系有亲疏、德行有高下、年齿有长幼、爵位（社会地位）有尊卑。这些因素对人际交往都会产生影响，从而产生差等的原则。《中庸》说：

> 仁者，人也，亲亲为大。义者，宜也，尊贤为大。亲亲之杀，尊贤之等，礼所生也。

亲亲之杀（shài，减衰之意），指血缘的亲疏；尊贤之等，指德行的高下。五等丧服，主要是根据血缘的亲疏远近来定的。周代，乡大夫（乡，相当于现在的省。乡大夫是其长官）三年选拔一次贤才献给国君。选拔好后，乡大夫要以主人的身份举行饮酒礼招待被选中的贤才，以表达对他们的敬

意。在饮酒礼上，才德最高者为正宾（俗称乡饮大宾），其次为介（相当于次宾），其余为众宾。他们在乡饮酒礼中身份有此种差异，乡大夫对他们的礼遇也随之有差等（《仪礼·乡饮酒礼》）。这是根据德行高下定出的差等。

孟子认为有三种因素可以称为天下达尊（不管走到哪里，都应受到尊敬）：爵（地位）、齿（年龄）、德（德行）。在不同场合，三种因素又有所偏倚。在朝廷（官方）活动中，主要看爵位的高低。在乡党（民间）活动中，主要看年齿的老弱。在教化活动中，则主要看德行的优劣（《孟子·公孙丑下》）。

综合起来考量，致使差等出现的不外乎血缘与三达尊。而对宾主对等原则产生影响的，则主要是三达尊。宾主之间年齿悬殊，年幼者一般不敢与年高者抗礼，这是人之常情。德行方面，也是如此。爵位高低对宾主对等的影响，更是明显。王攸之所以敢对杜宣的行为提出批评，其依据正在这里。

战国时，孟尝君豢养门客三千人，他把门客分为上、中、下三等：上客食肉，中客食鱼，下客食菜（《北堂书钞》引《列士传》）。三等门客，当然是根据他们才能的高下来定的。

西汉公孙弘，由布衣做到宰相，营造客馆，招揽门客。其客馆也分为三等：钦贤馆，接待大贤；翘材馆，接待大才；接士馆：接待国士（《西京杂记》卷四）。其实，寻常百姓家宴请

孟尝君门客分三等

宾客，也常会有正宾、次宾等的区别。

我们应该怎样看待礼中的对等与差等呢？所谓对等，是指在承认存在个体差异（指人生而各异，在生理、心智上存在种种不齐等。参潘光旦《生物学观点下之孔门社会哲学》，收入《潘光旦文集》第八卷）的基础上，而给予对方以相当（或相等）的对待。所谓差等，则是指在承认存在"社会差分"（social differentiation主要包括血缘亲疏、德行优劣、地位高低等。潘光旦《生物学观点下之孔门社会哲学》，收入《潘光旦文集》第八卷）的基础上，而给予对方以相应的对待（或恰如其分的对待）。因此，在礼教中，差等主要适用于五伦，对等主要适用于宾主，而三达尊（爵、齿、德）也会使宾主关系产生差等。对等、差等两项原则，相济为用，在人与人的交接过程中，有节有分，人们在社会中才能各得其位，恰如其分地交接，社会才能得到和谐而持续的发展（社会位育。图示如下）。由此，进而扩及于万物，最终达致人与自然的和谐（天地位焉，万物育焉。《中庸》）。

思考讨论

宾主对等与自卑尊人矛盾吗？应该怎样理解？

链接

木瓜

投我以木瓜，报之以琼琚。匪报也，永以为好也。

投我以木桃，报之以琼瑶。匪报也，永以为好也。

投我以木李，报之以琼玖。匪报也，永以为好也。

（《诗经·卫风》）

金谷聚

南齐·谢 朓

渠盌（同"碗"）送佳人，玉杯邀上客。车马一东西，别后思今夕。

（沈德潜《古诗源》卷十二）

第六课　宾主交接之道（下）

　　元钦是北魏皇室成员，为人吝啬。他曾通过高僧寿为儿子请了一位家庭教师。那位老师教了没几天，就逃跑了。元钦责备高僧寿所请非人。高僧寿生性滑稽，对元钦说："一般人绝食，七天才能死。没想到他（老师）刚到第五天，就逃之夭夭了。看来孔夫子'去食就信'（《论语·颜渊》）之说，实有不周啊（凡人绝粒，七日乃死；始经五朝，便尔逃遁。去食就信，实有所阙）。"元钦听出高僧寿语含讽刺，深感惭愧，后来待客才稍微宽厚一些（《魏书》卷十九上）。

　　除了对等、自卑尊人、差等之外，宾主交接还需遵守洁净、仁义相接、不参、往来等原则，下面我们逐一加以介绍。

洁　净

　　东汉陈蕃十五岁时，曾住在一个房子里，他平时很少打扫，致使庭院长满了荒草。父亲的朋友薛勤看望他，说："你为什么不把庭院打扫干净以接待宾客呢？"陈蕃说："大丈夫处世，应该扫除天下，哪里会在乎一室呢？"（《后汉书·陈蕃传》）。从薛勤的问话，我们可以知道，接待宾客之前，要洒扫庭堂。唐人诗云："家童扫萝径，昨与故人期。"（钱起《谷口书斋寄杨补阙》）这是宾主交接中的一项重要原则——洁净。

　　谦让、洁净、恭敬是人与人交接的基本原则（《礼记·乡饮酒义》）。如果不洁净，就是对对方的怠慢。所以，传统礼仪规定，一个人要经常盥

你为何不扫扫地再迎接客人呀？

洒扫待客

洗沐浴，而且出门必饰（参《中华日常礼仪基础教程》第一册）。先秦时代，宾客来访，主人迎宾来到寝门外，要请求先进入整理下房间，然后迎宾进入（《礼记·曲礼上》）。其实，房间事先已经整理好，这样做是对宾客表达充分的敬意。当时人们跪坐于席子上，坐累时，需要一张几案来依靠。主人把几案递给宾客之前，要用袖子拂拭一番（《仪礼·士昏礼》）。后世，主人请宾客入座之前，要用袖子拂拭一下座位，正是古礼的遗意。

主人为宾客酌酒之前，都要把杯子清洗一下（礼称之为"洗"），而在清洗杯子之前一定要先洗手（礼称之为"盥"）。如果饮食之器是有盖子的，打开盖子后，要将盖子仰面置于地上（却置）。《礼记·乡饮酒义》说："盥洗扬觯（zhì，酒器），所以致絜（通"洁"）也。"这些举动，都是为了表示洁净。

饮茶之风兴起后，这些礼仪都融入到茶文化中去了。茶具清洗后，要反过来放置在竹架上，等待它晾干。只可以用帨巾擦拭茶具外侧，不可以擦拭内壁。因为帨巾虽然洁净，一旦用手拿过，就带有了气味（陆羽著、于良子注释《茶经》附三《续茶经》，浙江古籍出版社，2011年，第67页）。沏茶时，茶壶盖一定要仰面放置，磁盂不可以口朝下放在几案上。因为几案上残留的漆气、食气都会影响到茶的品质（陆羽著、于良子注释《茶经》附三《续茶经》，第64页）。

仁义相接

　　人们处在陌生的环境里自然会谨慎，乃至局促。宾主交接之时，由于宾客对环境相对陌生，所以会表现得比较谨慎克制。主人为了让宾客放松，则会积极主动、热情相待。林黛玉初进贾府，谨小慎微，步步留心，时时在意，不肯轻易多说一句话，多行一步路，惟恐被人耻笑。这正是做客之道。

　　主人的热情、宾客的克制最明显的表现是色容。宾主交接时，主人色容宜温，宾客色容宜庄。如果主人冷面相待，宾客会觉得自己不受欢迎。如果宾客不知克制，"自来熟"，多少会令人心生厌烦。当然，宾客的克制也要有限度，应该与主人有互动。如果太过克制，对主人的热情无动于衷，那又失礼了。

　　主人的热情，经常会用丰盛的佳肴来表达。客人的克制，最重要的表现则是客随主便，不轻易向主人提要求，以免主人为难。《礼记·曲礼上》："将适舍，求毋固。"舍，是主人为宾客提供的馆舍。到人家做客不可坚持要求主人提供某种东西，那有悖于为客之道。西汉曹元理曾到友人陈广汉家中做客。陈广汉取来一壶酒、几片鹿肉干招待他。曹元理说："你家产如此丰厚，招待客人却如此简陋。"陈广汉面带惭愧地说："有仓猝客，无仓猝主人（客人有可能随时而至，主人则不可能随时准备好招待客人）。"曹元理说："你家肉案上有蒸乳猪一头，厨房里有荔枝一盘，都可以用来招待客人。"陈广汉不得已，再拜向他致歉（《西京杂记》卷四）。陈广汉待客之道有缺，而曹元理的做法也有悖于为客之礼。

不　参

　　有些社交场合或礼仪活动中，会有很多宾客。主人应接众多宾客

时，要注意秉持宾主之礼"不参"的原则。宾主交接，从根本上来讲是两两相对，而且两人应该诚心、专心相待，不可在此时参入他人。如主人在与甲行礼时，不可与乙交谈；在与乙交谈时，不可向丙作礼。乡大夫在举行乡饮酒礼时，先以主人的身份与正宾在礼堂上相互敬酒，礼毕，请宾降堂；然后乡大夫请介（次宾）升堂，相互敬酒，礼毕，请次宾降堂。如此，逐一与众宾相互敬酒（《仪礼·乡饮酒礼》）。这正是遵循"不参"原则行事。

往　来

礼尚往来，此为人情之常，宾主交接尤其需要遵循这一原则。《礼记·曲礼上》说："礼尚往来：往而不来，非礼也；来而不往，亦非礼也。"有往有来，交际才算圆满，才具有持续性。如果有来无往，彼此的交情很有可能渐渐就中断了。

礼无不答，是往来原则的体现。交往过程中，如果对方作礼致敬，一般情况下也要以同等的礼仪来回应。当然也有一些例外。前往人家吊丧，应当帮助主人料理丧事，不宜以宾客自处，因此不答主人之拜。国君对于本国的士，由于尊卑悬殊，也不答拜。其余情

礼尚往来

况，即便是男女之间，也要相互答拜（《礼记·曲礼上》）。老子甚至以此为由反对礼学，他认为最好的礼仪也不过是：一方向另一方作礼，另一方没有回应的话，对方就会攘臂击打了（上礼为之而莫之应，则攘臂而扔之。《老子》）。老子所指出的现象并不是没有，然而那种行为本身就是违背礼仪的。合礼的做法应该是，如果我们向对方作礼，对方没有回应，我们应该反省自己是否某些方面做得不到位，而不是指责乃至教训对方（礼人不答，反其敬。《孟子·离娄上》）。不管怎样，对别人的作礼，要报以同等的答礼，这是礼仪的基本原则。

按照古礼，新被任命的士要以宾客的身份执挚（通"贽"，礼物。士人的挚是野鸡）拜见其前辈（先于他被任命为士的人）。经过一番推辞，宾主得以相见，送挚后，宾客就退去。其前辈必须回访，而且要将礼物归还给他（《仪礼·士相见礼》）。这也是礼尚往来的表现。

阳货曾经运用这一原则，迫使孔子见他。作为季氏家臣，阳货实际上把持着鲁国的政权，他颇有心要招揽孔子，但孔子并不愿意见他。阳货就瞅准孔子不在家的时节，送给孔子一头蒸熟了的小猪。这样的话，根据礼仪，孔子就不得不到阳货家中拜谢了。怎么办呢？孔子如法炮制，故意趁阳货不在家的时候，前去拜访。只是，没承想，孔子却在路上遇到了阳货（《孟子·滕文公下》）。

综而论之，对于宾主交接而言：对等、差等事关宾主双方之间的个体差异、社会差分，属于客观因素。自卑尊人、仁义相接则是宾主交接时的情感状态，属于主观因素。洁净、不参、往来则是宾主交接的必然形态，不如此，则人情不能周全、圆满。这些条目在宾主交接过程中都起着重要作用，共同构成宾主交接的一般原则。这些原则普遍适用于不同的民族，并不限于中国。这也是不同民族、群体之所以能够进行交流的基础。

思考讨论

古人强调"礼尚往来","来而不往，非礼也"，这与现代社会中"经营人脉"、"拉拢关系"在本质上有何不同？

链接

呈泽中明府

宋·董 颖

能延仓卒客，不以在亡辞。错倒蔡邕屣（xǐ），初无匡鼎诗。

病多殊怕酒，算少敢谈棋。愿见纤纤玉，经红擘（bò）荔枝。

（《全宋诗》卷七二）

雨夜与邻翁饮用前辈韵

宋·陆 游

老人阅世真悠哉！八十已过九十来。茆（máo）檐参差映烟树，萧条鸡犬三家聚。

一樽邻翁迭宾主，醉语岂忧多谬误。我作吴歌君起舞，夜雨莫辞泥没屦（jù）。

（《全宋诗》卷二二三四）

第七课　介绍

晋代宋纤不喜与世人交接，隐居于酒泉南山，教授弟子三千余人。酒泉太守马岌（jí）十分仰慕他，郑重其事地备好仪仗，敲打着铙（náo）鼓，造访宋纤。结果，宋纤拒而不见。马岌感叹道："名可闻而身不可见，德可仰而形不可睹，吾而今而后知先生人中之龙也。"（《晋书》卷九十四）马岌之所以吃闭门羹，原因比较复杂。除了宋纤的个性之外，马岌事先没有通过中间人传达相见之意，就如此大张旗鼓地贸然前往，恐怕是主要原因。

无介不见

传统礼仪，"士无介不见，女无媒不嫁"（《孔丛子·杂训》）。介，指中间人、介绍人。两个陌生人如果要结识，一般都要经过介绍人居中联络，互通声气。如果没有中间人先通消息，便不会贸然前往拜谒。古礼，被国君新任命的士人（宾）去拜见前辈（主人）时，会这样说："在下久欲拜见先生，但无人相通。今某某先生转达阁下的意旨，命在下前来拜见。"而其前辈则回应道："某某先生命在下前往拜会，但阁下却屈尊驾临。请阁下返家，在下将前往拜见。"（《仪礼·士相见礼》）宾主双方都提到一位第三者，那位第三者正是他们的介绍人。

东汉郭泰出生贫贱，父亲去世得早，母亲想让他到县衙谋个差事，但他素有大志，不愿与小吏为伍，便到成皋，师从屈伯彦。经过三年苦

符融介绍郭泰

学，郭泰终于博通典籍，之后就到京城洛阳游历，但是初来乍到，籍籍无名，时人都不认识他。因缘际会，郭泰遇到了符融，符融只见了他一面，就佩服得不得了。符融是大名士李膺的弟子，深受李膺青睐。符融就把郭泰介绍给李膺，赞誉郭泰是"海之明珠，未耀其光；鸟之凤凰，羽仪未翔"。这样，郭泰才得以拜见李膺，进而与李膺结为好友，从此名声大振（《后汉书》卷六十八）。

礼仪的规定只是就一般情况而言，人与人之间当然也存在倾盖如故的可能。孔子在去郯（tán）国的路上遇到了程子，两人停下车来交谈，不知不觉谈了一整天，就像是老朋友重逢。临分别时，孔子命子路取一束帛赠送给程子。子路觉得老师此举有些过了，就以"士无介不见"为由，提出质疑。孔子说："仲由啊，《诗》不是说过吗？'有美一人，清扬婉兮。邂逅相遇，适我愿兮。'这位程子是天下贤士。此时不赠，恐怕将来再也没有机会相见了，你还是听我的吧。"（《孔子家语·致思》）孔子与程子，志趣相投，无介而自亲，自然不可用一般的礼仪规定来限制。

为什么陌生人相识，一般都需要介绍人，而不可以贸然拜谒呢？我们不妨设想一下，假如乙未经中间人联络，便登门拜访甲。甲此时没有任何准备，对乙完全陌生，实不知应当如何应对，会陷入尴尬的境地。假如甲对乙早有耳闻，但并没有与乙结交的意愿，勉强接见，只是虚与委蛇（wēi yí），乙岂不是自讨无趣。若甲将其拒之门外，不予接见，那么乙将颜面扫地，深受其辱。另外，如果对方的名望或地位比较高，不经介绍，自己贸然前往拜谒就有趋炎赶热的嫌疑。为了避免上述情形的发生，先经过介绍人互通消息，这样就给彼此留下了余地，也是自重而尊人的表现。

介绍之道

在西方，陌生人之间的相互结交，也需要有介绍人居中联络。陈政《泰西礼仪指南》说：

> 按泰西礼俗，介绍之道，约分四种：曰仪式的介绍；曰非仪式的介绍；曰豫定的介绍；曰非豫定的介绍。然为道虽不同，而皆须得所介绍之人两方面之同意则一也。若不经双方之同意，而贸贸然徒凭自己或一方面人之意思，即为介绍，则未有不惹他人之厌恶者。（陈政译述《泰西礼仪指南》第一章《介绍》，上海进步书局，1916年版，第1页）。

我们上面所论传统礼仪中的"无介不见"，应该属于"仪式的介绍"、"豫定的介绍"，而现代社会"非仪式的介绍"、"非豫定的介绍"（临时介绍）越来越多。不管是怎样性质的介绍，介绍之前，都要先征得双方的同意，然后周旋其间，才不致令人生厌。

东西方之间，介绍的基本原则也大致相同。《泰西礼仪指南》谓：

> 当吾人为双方不平等之介绍时，换言之，即或为贵族，或为平民之类，则吾人于介绍之前，仅须就商于高贵之人，斯可矣。为双方平等之介绍时，则吾人宜先就商于与我较为生疏之人，礼也，亦情也。当介绍之时，已得一方之同意，则仅须再就商于他一方而已足。既得两方之同意，则介绍之事，宜立即为之。

当介绍时，宜介绍卑者于尊贵之人，切不可以尊贵之人介绍于卑者。名分使然，吾人无可勉强于其间也。然倘一方为男子，一方为女子之时，则勿论尊贵卑贱，宜介绍男子于女子。否则，即为不敬。此实优视女子之至意也。（《泰西礼仪指南》第一章《介绍》，第2页）。

虽然现代社会崇尚平等，但人与人之间还是存在种种差异，我们仍会面对不对等（尊卑差异）的情况，如一方年登耄耋（mào dié，"三达尊"之"齿"），或德高望重（"德"），或位高权重（"爵"）。在这种情况下，如果卑者已经请求我们为他介绍尊者，此时，我们应该征得尊者的同意后，再作介绍。若卑者并没有表达结识尊者的意思，而我们希望介绍两人认识时，应该先征得尊者的同意，然后向卑者说明。介绍时，我们应该先向尊者说出卑者的姓名，再把尊者介绍给卑者。如果是在公务场合，可以根据职位定尊卑（在朝序爵）。如果不是在公务场合，就不必以职位定尊卑，也不宜提及职位，而应该以年齿定尊卑（在乡序齿）。我们要恪守"朝廷莫如爵，乡党莫如齿"（《孟子·公孙丑下》）这一原则。否则，不但公私不分，且有趋炎附势之嫌，令人生厌。如果两人尊卑相当（对等），介绍时应该先疏后亲，这是人之常情。

不少人认为西方特别强调女士优先，所以介绍时，要先向女方介绍男方。其实，在这方面东西方也是相通的。中国传统社会特别重视男女之别，"男女非有行媒，不相知名"（《礼记·曲礼上》）。在议婚时，一般都是男方向女方提亲。这在古礼，称之为"下达"（《仪礼·士昏礼》）。达，是通的意思。"下达"，是指男方若想与女方结为二姓之好，一定要先派媒人表达议婚的意向。获得女方允诺之后，男方才可以派人行纳采之礼，进入正式的婚礼程序。而女子未嫁，一般称为"待聘"、"待字"。一个"待"字，看似有些被动，实际却蕴含着贵重之意。西方礼仪，在为男女作介绍时，仅须征得女子的同意就可以了，不必再去征得男子的同意（舞会除外）。如果再去征求男子的同意，则会令女子不快（《泰西礼仪指南》第一章《介绍》，第3页）。因为若男子予以拒绝的话，女子将无地自容。舞会之所以例外，是因为前来参加舞会的男子一般都是愿意与女子结交的，很少会拒绝。若是未成年的女子，则享受不到此种优先待遇，除非男子也是未成年者。若是男女双方年龄相差较大，则不必论性别，仍以年高为尊。

寒暄作礼

在古礼中，介绍人只负责互通双方之意，双方初次相见时，介绍人并不在场（《仪礼·士相见礼》）。男女双方议婚，也是如此，媒人沟通好双方愿意议婚的意向后，就隐退了，剩下的婚礼事宜一般由男方派使者去完成（《仪礼·士昏礼》）。现代社会，临时性的介绍比较普遍，双方初次相见时，介绍人就在现场。所以，介绍之后，双方要用适当的方式来表达对对方的敬意。表达敬意的方式不外乎言语与肢体动作两种。言语上的表达称为寒暄，肢体上的表达则是作礼。

寒暄。现代社会人们常常只说一句"你好"，显得太简淡。传统社会人们则会互相说"久仰"或"幸会"。"久仰"与"幸会"都蕴含着自卑尊人之意。然而，若对学生或晚辈说"久仰"，就不太合适，多少会让人觉得有些虚矫。刚结识时，最好不要问"您在哪里高就？"或"您在哪里得意？"等类似的问题。若对方碰巧失业或工作不顺心，言者无心，听者有意，可能会于无形中伤害到对方（参黄顺华编辑《现代中国人的礼仪》第一章《一般礼貌》，妇女杂志社，1987年，第23页）。

作礼。当有人替我们介绍其他朋友时，我们本来若是坐着，应该站起来，直到对方落座，才可以再坐下。介绍完毕，双方要作礼致敬，一般行拱手礼或鞠躬礼（参《中华日常礼仪基础教程》第一册）即可。现代社会，

人们初次相识也常握手。握手时，有些事项需要注意。一般情况下，握手应该简短而力度适中，双目凝视对方，以传达温和、友善的心意。如果两人关系密切，或者为表示深切的情谊，可以在交谈时一直握着对方的手。如果双方都是介绍人关系密切的朋友，或对方是介绍人关系密切的亲友，一般要握手（握手表示欢情。参《中华日常礼仪基础教程》第一册）。如果对方是尊长，则晚辈不可先伸手。如果尊长主动伸出手来，则要两手握住尊长的手。西方礼仪，男女之间，握手与否，应该由女方来决定。所以，如果对方是女子，男子也不可贸然伸手。传统礼仪讲究男女有别，男女初次相识一般不会握手。

思考讨论

为什么陌生人相识需要介绍人居中联络？

链接

答庞参军

晋·陶渊明

相知何必旧，倾盖定前言。有客赏我趣，每每顾林园。

谈谐无俗调，所说圣人篇。或有数斗酒，闲饮自欢然。

我实幽居士，无复东西缘。物新人惟旧，弱毫多所宣。

情通万里外，形迹滞江山。君其爱体素，来会在何年？

（曾国藩《十八家诗抄》卷二）

送丘为下第归苏州

唐·祖 咏（一作严维）

沧江一身客，献赋空十年。明主岂能好，今人谁举贤。

国门税征驾，旅食谋归旋。曒（jiǎo）日媚春水，绿蘋香客船。

无媒既不达，余亦思归田。

（《全唐诗》卷一百三十一）

第八课　名刺

　　秦末，陈留高阳人郦食其（lì yì jī）听说刘邦为人有大略，就想追随他。刘邦大军经过陈留时，郦食其先请同乡后生向刘邦介绍自己，然后来到军门前，递上自己的"谒"（yè）。使者持"谒"进入通报，刘邦正在洗脚，就问使者："来的是什么样的人？"使者禀报说："看他的穿戴，像是一位大儒。"刘邦平素不太喜儒者，便对使者说："你替我谢绝了吧，就说我正忙着谋划天下大事，没有时间见儒者。"使者出来谢绝郦食其。郦食其不等他说完，瞋目按剑，大喝道："赶快进去，再次通报！我是高阳酒徒，并不是儒者。"使

郦食其谒见刘邦

者大惊失色，吓得把"谒"掉到了地上，他拾起"谒"，马上转身跑进去再次通报（《史记·郦生陆贾列传》）。这里的"谒"是指一支写有自己姓名、籍贯等信息的简牍，用于向所造访的人简单地介绍自己（书其姓名于上以告所至诣者也。刘熙《释名·释书契》）。"谒"也称为"名刺"，后世又称为"名纸"、"名帖"，民国以来改称"名片"。

名片，是现代社会人际交往中自我介绍的媒介品，而且可以运用于邀请、答谢、拜客、拜贺等方面。这跟传统名刺的作用基本上是一致的。

名刺制作

传统名刺一般是自己制作，有着相对固定的样式。宋代似有一种成规，见长者用名纸，敌者（同等）以下用刺字（吕大钧《乡仪·宾仪》，参陈俊民《蓝田吕氏遗著辑校》，中华书局，1993年，第572页）。刺字也叫手刺。名纸、手刺所用纸张大小不同，其制作方式也不同。司马光《书仪》规定名纸的制作方式，"取纸半幅"，吉仪左卷令紧实（凶仪右卷），用线在靠近上端的地方"横系之"，姓名等题写在阳面（凶仪，则题写在阴面）。名纸的制作相当审慎。司马光没有记录手刺的制作方法，应该相对简单得多：用纸较小，且不用左右卷。

颜色

司马光、吕大钧都没有对用纸的颜色做出规定，应该就是用白纸，而且没有什么避忌。明人皇甫录认为，古来门状（即名刺）都用白纸，宦官刘瑾当权时，百官门状、启礼都用红纸，红帖即始于此（皇甫录《近峰闻略》）。

另外，据说明代权臣张居正居丧时，其门生为表示亲昵而用白刺。后来，唯有翰林致敬用白刺（朱克敬《瞑庵二识》），其他则用红帖。

清末，西方文化传入，西方人名片用白纸，所以"光、宣间，名刺之式不一，或红纸，或西式白纸，均可"（徐珂《清稗类抄·风俗类》）。现代社会，名片一般都是白色的，这反而与古代一致了。

信息

至于名刺上题写的文字信息，古代非常简洁，而且要根据与对方交情的深浅进行调整。吕大钧《乡仪》说："其文止曰某郡、姓名而已，有

爵者并爵书之。"司马光《书仪》给出一个范例"某爵某里姓某专谒见",并指出"无爵者言官","无官者止称乡里"。这样的名刺,信息非常完整,是拜见平生未尝有过交往的人所用的。如果已经相识,则要去掉"爵、里"。如果往来频繁,交情渐深,连"姓"也可以去掉。根据事情的性质,可以将"见"字,替换成"谢"、"贺"、"辞"、"别"等。

现代社会,有些人喜欢在名片上题满各种职务、头衔,且不论公私,似有炫耀之嫌。据说唐宰相杨国忠同时领四十余使,如果一一署于名刺之上,那岂不是可笑之事。

图案

传统名刺纸张上不印图案。现代社会名片上除了纸张自身的纹路外,还可以加印所在机构的标志。除此之外,不宜印其他图案。民国时期,黎元洪夫人曾在名片上压出一双翔凤展翅凸形花纹。殊不知,那是上海长三堂子姑娘们的花样经。她贵为元首夫人,却如此轻率,把此种名片送给各国公使夫人（唐鲁孙《名片古今谈》）,实在有失体统。

尺寸

现代社会,名片尺寸及其上字体大小都有成规可循,不必标新立异,而姓名文字尤其不宜过大。晚清,李鸿章访问美国,曾因名片字体大小出过一个小意外。李鸿章以翰林名刺投美国某大臣,而清人翰林名刺字体比普通大得多。某大臣以为李鸿章是故意凌辱自己,他就还以更大字体的名片。李鸿章见此,以为对方存心欺侮,异常气愤,就还以更大号的名片。总之,名片及其上姓名的大小不宜超过常规标准,否则可能致使对方心生误解。

名刺类别

传统名刺,分为对长者、对平辈（包括晚辈）两大类。根据与对方关系的不同，在名刺上会题写不同的信息。这是非常合礼的。我们现在可以根据使用场合的不同，把名片，分为公务式名片与社交式名片。

公务式名片主要用于处理公务活动的场合，它上面应该具备所属单位、姓名、职务、联系方式等内容。

社交式名片主要运用于非公务性的社交场合，它上面可以印上姓名、籍贯、联系方式（若不想让对方知道自己的联系方式，也可以不印上）。如果是用名片拜贺亲友，籍贯、联系方式也可以不具。

两类名片不可用错场合，否则，会给人留下公私不分的不良印象。清代曾设有鹰狗处，负责豢（huàn）养猎鹰、猎狗，以供皇帝打猎用。萨彬图平素喜欢与文士交游，担任鹰狗总统一职后，就书写了具有"鹰狗处少卿"头衔的名帖，用其与文士交往（昭梿《啸亭杂录》卷一）。结果可想而知，受到了众人的嘲笑。题署官衔本没有错，只是用"鹰狗处少卿"的名帖周旋文人雅士之间，不免有辱斯文了。

名刺用途

古人把具名帖，称之为投刺（《幼学琼林·人事》）。名刺的用途非常广泛，可用于通名、存问、拜贺、拜年节、拜辞、拜别、拜谢、致殷勤、表款诚、介绍等。下面，我们择要加以分析。

1. 通名

先秦时代，士无介不见，两个陌生人相见，必有中间人先予以沟通。所以到了相见那天，宾客就直接向主人家的将命者（司阍〔hūn〕）口头传达自己希望拜会主人之意。因为是事先沟通好的，主人自然会予以接待。如果是熟人相见，似乎也是由口头传递宾主间的信息。至后世，慢慢用名刺传达。

东汉马寔（shí）仰慕山阳王畅，前往拜谒。马寔来到王畅家门外，

递上名刺（投刺）。但王畅并不想见他，就命仆人说自己游历未归。马寔不死心，每天都到王畅家等待。后来，他干脆对王畅仆人说："孝子侍奉父母，出行不超过一天。王先生至今未归，不是孝子啊。我在这等着跟他相见。如果他真的死在道路上了，我就以朋友之礼哭他。"王畅听他这么一说，遂与他相见，后结为挚友（谢承《后汉书》，《太平御览》卷四百七引）。

东汉高彪（biāo）曾经拜访大儒马融，投刺后，马融推辞不见。高彪就在名刺的背面写上一段文字，然后命人通传，自己就离开了。那段文字大意是说：久仰先生的大名，故前来拜会，没想到您以生病为由，推辞不见。周公是大圣人，尚且不敢怠慢贫寒之士。但是，圣人离我们时代很久远了。现在先生不愿与我相见，本是理所当然。马融看到这段文字后，深感惭愧，忙派人致歉并邀请他相见（《杂事》，《太平御览》卷六百六引）。

马寔与王畅、高彪与马融之前并不相识，名刺发挥了自我介绍、通名的作用。

2. 存问

我国传统名刺还具有存问的功能，而且不限于生病时节，平时也可以。如东吴高荣墓出土的名刺，其上书："弟子高荣再拜问起居。沛国相，字万绥。"（扬之水《从名刺到拜帖》，载《收藏家》2006年第5期）"问起居"，就属于存问。礼尚往来，别人存问，自当给予回应。

西方礼仪，若有同乡新来寓居，之前曾相识，则寓居该地之人应当先投简存问。新来寓公与人往来应该在他人存问之后（陈政译述《泰西礼仪指南》第二章《投简》）。我国传统礼仪，则与之相反，所谓"坐客不拜行客"，应该是新来寓公投简拜访先寓居该地之人。

3. 拜贺

送人礼物时，往往会附上一张名片，这样就起到了拜贺的作用。东汉末年，河南尹何进升为大将军，司徒杨赐派孔融奉谒祝贺何进。何进的仆人没有及时通报，孔融一怒之下，夺回名谒，回到司徒府就向杨赐辞职而去（《后汉书·孔融传》）。贾宝玉生日那天，妙玉没有亲至，打发人送了个拜帖，上面写着"槛外人妙玉恭肃遥叩芳辰"（《红楼梦》第六十三回）。

传统社会，节序交贺，若不能亲往，也可以派仆人投刺。周密表舅吴四丈，为人滑稽，时逢节日，没有仆人可以派遣。恰好其友人沈子公的仆人来送名刺。吴四丈取其名刺看了看，发现所送的都是自己的亲朋好友，就故意赏仆人酒喝，偷偷把沈子公的名刺换成自己的。沈仆没有发现，就这样替吴四丈把名刺投出去了（周密《癸辛杂识·前集》）。到明清，都还有拜年投刺的风俗。投刺致送礼物也好，节序交贺也好，都属于拜贺的作用。

4.拜辞、拜别、拜谢

司马光《书仪》已经明确指出，根据事情的性质，手刺最后可以写"辞"、"别"、"谢"等。司马光将"辞"、"别"并列，显然"拜辞"、"拜别"是不同的。"拜辞"，应该是指推却对方的礼物，而不是指告辞。"拜

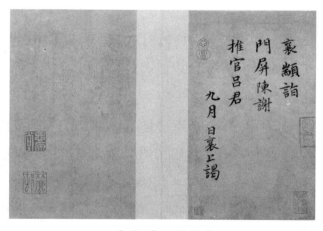

蔡襄《门屏帖》

别"，才是指与对方告别。"拜谢"，则是接受对方的礼物或招待后，致以谢意。故宫博物院所藏的蔡襄《门屏帖》，就属于拜谢名帖。

5.致殷勤、表忠款

在古代，投刺还有致殷勤乃至表达忠诚的作用。打仗时，敌对双方胜负未定之际，夹在其中的人往往必须选择拥护一方，而表示拥护的方式就是投刺。后世把表达忠心归顺之举称为纳投名状（《水浒传》第十一

回），或许正本于此。司马睿建立东晋后，赏赐那些拥戴他的人，"赐诸吏投刺劝进者加位一等，百姓投刺者赐司徒吏"（《晋书·熊远传》）。

6.介绍

名片还可以用来替人介绍。如果有朋友要到某地去，恰好你在当地有很多朋友，你可以事先跟当地朋友打招呼，请对方予以照顾。除此之外，你还可以在自己的名片背面写上几句话，让朋友携带而往。一般可以这样来写："某某兄，兹介绍敝友某某来访，盼能便中照料为祷。名（自己的姓名）正肃。"在名片正面自己的姓名上面可以加一个"弟"字，下面加"顿首"，并署明日期，在左上角写上对方的姓名（黄顺华编辑《现代中国人的礼仪》第八章，第156页）。

名片交换

礼尚往来，社交场合经常交换名片。交换名片时有些礼仪需要注意。

1.递交名片

递交名片，从本质上讲，属于传统礼仪中授受的范畴。授受时要尽可能方便对方，同时要表达对对方的尊敬。授受之前，如果双方都是坐着的话，就不必站起来递交，除非相隔较远；如果双方都是站着的话，就不要坐下来再递交。名片有正反、有文字，递交时，应该正面朝上，文字正朝着对方。这些都是方便对方的表现。递交时，要双手持名片，不可单手，双手的高度要适中（当胸为妥），过高或过低都不合适。递交名片时，体态、容色要谦恭，不可傲慢，同时可以说"请多指教"、"请多关照"之类的话。这些都是尊敬对方的表现。

2.接受名片

当别人递交名片时，应该立即停止其他的事情，双手接过名片，并致谢。接过名片后，要略看一下名片上的信息。对方有言语的表示时，可以回应"岂敢"（请多指教）、"客气"（请多关照）等。看完名片后，可以轻轻放在桌面上或收藏起来，然后递交自己的名片。切不可把对方名片随手丢在桌面上，或拿来做别的事情。

皇甫规（东汉名将、学者）辞官后，居住在安定。当时有一个人花钱买了雁门太守官位，后也辞职回到安定，此人投刺拜见皇甫规。皇甫规对他毫不客气，卧而不迎，派人叫他进来。

名刺刮髀

坐定后，皇甫规就讽刺地问道："大雁的肉美味吗？"不等对方回答，皇甫规就拿起那人的名刺刮大腿。他拿雁门太守名刺刮髀，是要故意羞辱对方。一般情况下，当然不可以用别人的名刺做其他事情。

思考讨论

为什么公务式名片不宜用于社交活动？

链接

名刺

明·赵 谦

上无谄，下无渎。慎所与，乃无辱。

（赵谦《考古续戒书》,《明儒学案》卷四十三引）

元日书事效刘后村（其二）

明·文征明

不求见面惟通谒，名纸朝来满敝庐。我亦随人投数纸，世情嫌简不嫌虚。

（文征明《莆田集》卷二）

第九课　相见（上）

　　孺悲（鲁人，曾奉鲁哀公之命跟孔子学习士丧礼）前来，想要拜见孔子。孔子托言身体不适，拒而不见。传命的人刚走出房户，孔子便取来瑟，一边弹，一边唱，故意让孺悲听到（《论语·阳货》）。孺悲来至孔府门前，本是宾客，却吃了闭门羹。孔子弹瑟唱歌是要引起他的反思：为什么自己不被接见？孟子说，不屑教诲也是一种教诲（《孟子·告子下》）。孔子之于孺悲，大概正是如此吧。

　　宾客来访，见还是不见，这的确是一个现实中常会遇到的问题。宾主相见时，都有哪些礼仪需要遵循呢？

慎择居停

　　有子说："因不失其亲，亦可宗也。"（《论语·学而》）因，是依托之义。一个人旅居他乡，其所依托的确实是可亲之人，其自身也可以作为他人的宗主，为他人所依托。有子此语，其实就是叮嘱客寓异乡之人应该谨慎地选择居停主人。

　　孔子第一次到卫国，以颜雠（chóu）由为主人。颜雠由是卫国的贤大夫（《史记·孔子世家》作"颜浊邹"，认为颜浊邹是子路的妻兄）。卫灵公的嬖（bì）臣弥子瑕希望孔子住到自己家里。弥子瑕的妻子与子路的妻子是姊妹。弥子瑕对子路说："只要孔子主我（以我为主人），卫卿之职可唾手而得。"子路向孔子转达了弥子瑕的意思，孔子淡淡地回复道，"有命"，拒

绝了弥子瑕的邀请（《孟子·万章上》）。

孔子第二次到卫国，住在蘧（qú）伯玉家（《史记·孔子世家》）。蘧伯玉是一位贤人，孔子曾赞美他是君子（《论语·卫灵公》）。

后来，孔子经过宋国，宋司马桓魋（tuí）想要杀死孔子，在如此困厄的境地，孔子住在司城贞子家。司城贞子到底是谁，由于史料缺乏，我们无法确知，但司城应该是他担任的职务，而贞子则是他的谥号。根据《谥法》，清白守节曰贞、大虑克就曰贞、不隐无屈曰贞（《逸周书·谥法解》）。可见，司城贞子应该是一位正直之士。即便在生命受到威胁的时候，孔子都审慎地选择居停主人，平时更可想而知了。

宾客择主人，主人对宾客也要有所遴选。东汉陈蕃担任豫章太守期间，不接宾客，但特地为高士徐稚设一张床榻。徐稚来访，就把那床榻摆设好。徐稚离去，就悬挂起来（《后汉书·徐稚传》）。门无杂宾，总是对一个人的赞扬。当然，若他人处于困顿之中，又另当别论，此时施以援手，才合乎道义。曾有宾客自外而至，没有居宿之处，孔子说："生于我乎馆，死于我乎殡。"（《礼记·檀弓上》）意思是，活着就由我来解决住宿问题，死了就由我来处理丧事。

时　节

今天，宾客拜访主人，一般要事先约定好时间，不宜贸然前往。西方礼仪，午前的访问，仅访问交好的朋友、同辈。相对生疏的，一般下午访问。下午三点到四点，为有仪式的访问（正式性访问）；四点至五点，为半仪式的访问；五点到六点，则为好友间最普通的访问时间（陈政《泰西礼仪指南》第三章《访问》，第15页）。日本人则以上午九点半至十点半、下午二点到三点之间为比较适宜的访问时间。同事、好友，也可以晚上拜访（松平靖彦、草柳大藏著、谭晶华、王晓霞等编译《现代日本礼仪》第二章，上海翻译出版公司，1988年，第12页）。可见，东西方礼仪在这方面是基本一致的，这是人之常情。

西汉末年，王莽任宰衡时，甄（zhēn）丰"且夕入谋议"，当时人们讥讽道，"夜半客，甄长伯"（甄丰字长伯。《后汉书·彭宠传》）。可见，"且"（太早）、"夕"（太晚）不是一般宾主间往还的时间点。只有关系亲密的朋友，相互之间不避形迹，才可以"谈诗不知疲，或作夜半客"（陈与义《再用迹字韵成一首呈判府》）。一般人之间，且夕相访，总会让人觉得有所谋不正的嫌疑。如果对方职位较高，更应该注意避嫌。

服　饰

宾客拜访主人，要根据事情的性质（庆贺或吊慰），穿着相应的服装。如果是一般性的访问，要穿着常礼服，保持整洁无垢。主人接待客人，服装同样也不可随便。传统礼仪，宾客要穿跟主人一致的礼服（如主人服。《仪礼·士冠礼》）。

戎服相见

西晋时，鲜卑族首领慕容廆（wěi）以士大夫之礼拜见东夷校尉何龛（kān），一副士大夫的装束来到大门外（巾衣诣门）。何龛却有所戒备，安排好卫士才引他入见。慕容廆见此情形，就改穿戎衣进入。有人问其缘故，慕容廆说："主人不以礼相待，宾客又何必坚守礼仪呢？"（《晋书·载记第八》）

孔子说："见人不可以不饰。"（《说苑》卷三）又说："出门如见大宾。"

（《论语·颜渊》）不管是宾客，还是主人，相见之前都要修饰容仪。宾主交接时，不修边幅，囚首丧面（头不梳如囚犯，脸不洗如居丧），会令人生厌。贾雨村拜谒贾政，投名帖之前，先整了衣冠（《红楼梦》第三回）。刘姥姥初进大观园那日，天未明便起来梳洗（《红楼梦》第六回）。可见，礼仪不论贵贱，都要讲求。

礼　物

　　人际往来过程中，需要用一定的物品（礼物）来表达、承载自己的心意。宾客带着礼物前往，主人也应该带着礼物回访。宾客带着礼物前往，并不是为了有朝一日主人带着礼物回访，但是主人为人情所驱使，自然会带着礼物来访。合礼的交往，并不以利益（礼物）为目的，礼物只是传达彼此情感的媒介而已。所以，礼物不以华贵为美，而且为了避免有包苴（jū。贿赂）请托的嫌疑，应该限定在一定的度之内。君子之交淡如水，若是"货财禽犊之请"，礼物是为了达成某种请求的砝码的话，君子是不会接受的（《荀子·致士》）。

　　古礼，对庶人、士、大夫等的礼物都有明确规定：庶人用鸭，士人

执挚相见

用雉（野鸡），大夫用雁，卿用羔，诸侯用玉圭，天子用鬯（chàng）酒（黑黍酿成的酒）。女子所用的礼物则是枳（zhǐ）椇（jǔ）子、榛（zhēn）子、肉干、枣子、栗子等（《礼记·曲礼下》）。这些礼物对于其相应的人来说，都是非常容

易获得的东西。某种东西若非常难得，一般不用来作为礼物。不合时令之物，不是本地所产之物，君子不用它作为礼物（天不生，地不养，君子不以为礼。《礼记·礼器》）。

礼物要用心地包装一番，不宜裸露。古礼，大夫以大雁为贽，大雁要"饰之以布，维之以索"（用布裁缝，将其身体包裹起来；用绳子把它的脚系起来）；卿以羊羔为贽，羊羔要"饰之以布，四维之"（《仪礼·士相见礼》）。礼物裸露，不合礼仪。包装草率，也会显得诚心不足。有时候还要在包装外面，贴上纸片，题写一些文字，那文字也要工整楷正。为示郑重，可以用毛笔题写。日本人还根据事情的吉凶选用不同的墨色，庆贺用浓墨，吊慰用淡墨（松平靖彦、草柳大藏著、谭晶华、王晓霞等编译《现代日本礼仪》第七章，第121页）。

礼尚往来，他日主人回拜时，也要赠送宾客相当的礼物。刘邦做亭长时，萧何是他的上级，常对他加以照顾。刘邦要到咸阳出差，同僚为他饯别，每人送上三百钱作为礼金，而萧何却送了五百钱。此事，让刘邦感念于心。到后来，刘邦得了天下，分封功臣时，在萧何应得的封赏之外，又特意增加二千户作为回报（《史记·萧相国世家》）。刘邦此举，可以看作是对礼尚往来原则的履行。

辞受取与

传统社会，士人对进退出处（参《中华日常礼仪基础教程》第二册）、辞受取与讲究极严，因为这些都关系到个人的人格与尊严，不容有一丝随意。辞受取与要以合乎道义为准的，具体地说就是对方"交之以道，接之以礼"，才可以接受（《孟子·万章下》）。交之以道，是指对方以合乎道义的名义馈赠。接之以礼，则是指对方赠送礼物时言语、体貌合乎礼仪（这表明对方具备十足的诚意与恭敬）。这两方面，任何一方面有所亏缺，都不可以接受。

　　接受礼物之前，依礼要推辞。馈赠、推辞礼物与一般的请辞一样，都是以三为节。第一次辞，称为礼辞。第二次辞，称为固辞。第三次辞，称为终辞（最终不接受对方的礼物。《仪礼·士相见礼》）。如果宾主双方交情一般，准备接受对方的礼物，要在对方第三次馈赠时接受。如果交情较深，可以在对方第二次馈赠时就接受。如果对方是尊长，依照古礼，一般不辞。因为对尊长的礼物，推辞的话，就不恭敬了（却之不恭。《孟子·万章下》）。有人会觉得，既然要接受对方的礼物，何必行此虚礼，一再推辞呢？这正是礼的微妙所在。如果没有推辞，而直接依照性情行事，就有可能激起人们的争夺之心（无辞而行情则民争。《礼记·坊记》）原来，接受礼物之前的"辞"是对人欲念的一种防遏。

　　孟子在齐国，齐王送给他上等金一百镒（yì，重量单位，二十四两为一镒），他没有接受。在宋国，宋君送给他七十镒，他接受了。在薛地，薛君送给他五十镒，他也接受了。陈臻（孟子弟子）感到不解，诘问老师："如果过去的不接受是正确的，那么现在的接受就是错误的。如果现在的接受是正确的，那么过去的不接受就是错误的。二者之中，老师一定有一个错误。"孟子回答说："都是正确的。"为什么呢？在宋国的时候，孟子正准备远行，对远行的人可以送些盘费。而宋君说："聊充盘费吧。"在薛地时，孟子听说路上有危险，需要戒备。而薛君说："听说你需要戒备，这点钱用来置办兵器吧。"这是以合乎道义的名义馈赠，并且恭敬有礼，所以孟子接受了。在齐国呢，却没有什么理由。尽管齐王送金时也可能非常恭敬，但没有合理的名义，这就等于收买了，所以孟子没有接受。

　　东汉杨震前往东莱郡上任，路过昌邑县。他所举荐的秀才王密恰是昌邑县令。王密夜里怀揣着十斤金子送给杨震。杨震说："故人知君，君不知故人，这是为何啊？"王密说："夜里没有人知道。"杨震说："天知，神知，我知，子知（你知），怎么说没人知道！"王密惭愧地退去了。这种情况已经触犯法律，更不合乎"交之以道"的原则。这是辞受的底线，务必要守住才行。

有些情况，处于两可之间，那该如何处置呢？孟子这样说："可以取，可以无取，取伤廉。可以与，可以无与，与伤惠。"（《孟子·离娄下》）如果取有损于廉洁的品质，自然还是不取为好。如果与（给予）对恩惠有损伤，还是不与为好。

子华出使齐国，"乘肥马，衣（yì）轻裘"，冉子擅作主张送给子华的母亲八十斛（hú，量器）粟。这样就"伤惠"了。所以孔子强调，"君子周急，不继富"（应该雪中送炭，不必锦上添花。《论语·雍也》）。

另外，礼规定，如果不能接见对方，就不接受对方的礼物（君子于有馈者弗能见，则不视其馈。《礼记·坊记》）。

思考讨论

人际交往中，礼物的意义是什么？

链接

答友人赠炭

唐·孟 郊

青山白屋有仁人，赠炭价重双乌银。
驱却坐上千重寒，烧出炉中一片春。
吹霞弄日光不定，暖得曲身成直身。

（《孟东野诗集》卷九）

客至

明·何景明

野外逢迎少，柴门落叶稠。人闲不扫室，客到始梳头。

且为烹茶坐，还因看竹留。登临如有兴，更上水边楼。

（何景明《大复集》卷十六）

第十课　相见（下）

东晋王徽之（王
羲之第五子）一次经过
吴中，看到一户人家
的竹子极好，便打算
去游览。主人得知王
徽之要来，好生把
庭院洒扫布置了一
番，坐在客厅等候来
访。王徽之坐着轿

王徽之观竹

子，直接来到竹下，讽诵长啸了许久，并没有拜访主人的意思。主人颇
感失望，但仍希望王徽之返回之前会派人通报一下。谁知王徽之兴致既
尽，竟然要直接出门离去。主人忍无可忍，便叫人关上大门，不放他出
去。王徽之因此反而赏识起主人来，就留下来，尽宾主之欢才离去（《世
说新语·简傲》）。王徽之不请自来，且无视主人的存在，极为失礼。下面
我们分析一下宾主相见时，相互应接的礼仪。

请与辞

传统礼仪，经中间人介绍后，宾客来到主人家大门外，请求拜见。
主人则要推辞（礼辞），表示自己将亲自登门拜访。宾客再次请求拜见，

主人再一次推辞（固辞），仍表示自己将登门拜访。宾客第三次提出请见，主人才答应相见（此为固辞许。《仪礼·士相见礼》）。有些情况下，主人可以在宾客第二次请求时，就选择答应，那就是"礼辞许"。如果宾主间情谊深厚，或者本是主人邀请宾客前来，则主人不可以推辞。如果宾客第三次请求时，主人依然拒绝，就是"终辞"。"终辞"之后，对方就不会再提出请求。事不过三，古礼就已经如此了。初次请求，对方不允，而再次请求，乃至第三次请求，这是充分表达自己的诚意以及对对方的敬重。请求超过三次，从对方来讲就属于扰乱（再三渎。《周易·蒙卦》），从自己来讲就有些不自重了。

迎　宾

宾客访问之前，主人应该洒扫庭堂，准备接见宾客。杜甫"花径不曾缘客扫，蓬门今始为君开"（杜甫《客至》），并不是杜甫待客简慢，而是因为所居偏僻（"舍南舍北皆春水，但见群鸥日日来"），没料到会有客人来访才如此。

宾客坐车或驱车来到主人家门前，应该在门前或附近静静下车，不可以按喇叭。宾客来至主人门前，轻轻敲门（或按门铃），不可急促；或请人通报后，静静等待。

主人可以根据宾客的年辈来决定是否亲自出迎。如果对方是与自己年辈相当的人，应该亲自出迎。年长者，必须亲迎，而且应该远迎。年辈低于自己的，则可以命人出迎（吕大钧《乡仪·宾仪》）。当然，如果比较看重后辈，也可以亲自出迎。

东汉末年，蔡邕才学显著，受朝廷的尊重，经常高朋满座。王粲只是后辈，但蔡邕见了王粲一面，就认定他是一位奇才。一日，蔡邕正在招待宾客，听说王粲来访，急忙出门迎接，连鞋子穿倒了也顾不上整理。王粲进门后，众人见他非常年轻，而且容貌丑陋，都十分惊讶。蔡邕见众人如此，就介绍道："这位是王司空（王畅）的孙子。他有异才，我自愧不如。我家的书籍和文章将来都送给他。"（《三国志·魏书·王粲传》）

主人迎宾要及时，不宜让对方久候。这就是古人所说的"门不停宾"。有些大户人家，对仆人疏于管教，致使他们对宾客无礼，常以主人寝食、嗔怒为由，拒为宾客通报。颜之推说，江南士大夫之家如果发生这样的事，会深以为耻（颜之推《颜氏家训·风操篇》）。

南宋高宗年间，有位海盐县丞，为人简傲不羁（jī）。他曾去拜谒一位同乡的前辈（乡大夫），主人迟迟未出。县丞嗜睡，等到主人出来时，他已鼾（hān）声如雷。主人见客人睡着了，不敢唤醒他，也回去睡觉。等到县丞睡醒，仆人报告主人睡着了，县丞又接着睡。就这样，主客更相卧醒，直到太阳落山，两人也没见上一面，县丞只好起身离去（姚桐寿《乐郊私语》）。宾主之间，虽然没有任何怨望之言，主人终究是失礼了。

迎宾时，宾主相见，免不了要作礼致敬。宾主谁先作礼呢？礼规定，不论二人是否敌等，"主人敬客，则先拜客；客敬主人，则先拜主人"（《礼记·曲礼下》）。

先拜父母

宾客既至主人家，宜先拜见主人父母（或其他尊长），以示敬意。东汉范式在太学学习，与张劭结为好友。后来，两人一同告假回乡，临别时，范式对张劭说："两年后，我会回京，将会拜望尊亲，见见令郎。"两年后，范式果然如约而至。若宾客既至，先跟主人欢叙，然后拜见主人父母，则为失礼。

为人子女者，若有宾客来访，当推父母为主人，不可俨然以主人自居。东晋刘驎（lín）之（字子骥）是一位高尚之士，好游山泽，一心过着

隐居生活。陶渊明在《桃花源记》里提到南阳刘子骥曾寻访桃花源，说的就是他。他确实曾在衡山进入一个山涧，有一番奇遇。桓冲听闻其贤，想聘为长史，收为己用，刘驎之固辞不受。一次，桓冲来到刘家，刘驎之正在修理桑树，使者传达来见之意。刘驎之说："使君既然枉驾光临，应该先拜见家君。"桓冲大为惭愧，就先去拜谒刘父。父亲命他回来，他才回来。刘驎之略微拂拭下粗布衣，就与桓冲交谈起来。父亲让他到厨房准备酒菜招待宾客，桓冲命属下代其行事，被刘父拒绝了（《晋书·隐逸传》）。

如果宾客是来拜访父母的，父母也应该让子女出来拜见一下宾客。子路借宿荷蓧（hè diào）丈人家中，丈人杀鸡为黍招待子路，而且命两个儿子拜见客人（《论语·微子》）。

接　待

主人接待宾客的环节，宾主双方都有许多礼仪需要注意，下面逐项加以分析。

脱鞋

主人引导宾客登升堂（相当于客厅）或进入室内之前，宾客要脱下鞋子再登上台阶或进入室内。主人见宾客准备脱鞋，应该推辞一番。宾客脱鞋时，不可正对着台阶或门户，要退至一旁，以免妨碍他人。脱鞋时，不可将臀部翘起，应该先跪下左腿，脱去右脚的鞋子，再跪下右腿，脱去左脚的鞋子，然后把鞋子放到旁边（不可当着台阶或门户）。如果宾客众多而且是敌等的，只有年龄最长的人可以将鞋子脱在户内。如果已有尊长在室内，那么众人都要将鞋子脱在户外（《礼记·少仪》）。

座位

登上堂或进入室内后，主人请宾客上坐，客人要推辞一番，才可以坐下。如果主人没有请宾客上坐的表示，就失礼了。如果是在堂上，则宾客的座位坐北朝南，主人的座位坐东朝西。堂上最尊的座位是坐北朝南，为表示对宾客的尊敬，所以请其上坐。如果是在室内，以朝向门户的座位为最尊，主人请宾客坐，主人则坐在宾客左侧。因为在堂上，西边为宾客位，东边为主人位，所以宾客又称为西席，而主人则称做东。

宾主之间，座位不宜太远，古礼规定，"若非饮食之客，则布席，席间函丈"（《礼记·曲礼上》）。一直到唐宋，宾主之间都是实行分餐制，所以宾主席位距离相对较远。如果宾客是来讨论事情的，宾主就不宜相距太远，宾席、主人席相对，能容一丈（一丈约2.3米）即可。这样方便讲说指画。如果太远，就显得不够热情了。

南朝宋张敷升任中书舍人，与狄当、周赳（jiū）一同管理要务。因为是同僚，狄当便打算前去拜访。周赳有所担心，说："如果他不能相容，还不如不去。"狄当说："我们也都是员外郎了，何愁不能跟他共坐呢？"张敷家中设有两张床榻，相去三四尺。狄当、周赳就坐后，张敷热情地招待了他们。谁知没过多久，张敷突然对下人说："移我远客。"狄当、周赳见此，脸色顿时变了，匆忙告辞而去。张敷此举傲慢，有悖于待客之道。

交谈

宾主坐定后，主人应该主动与宾客寒暄一番，并表示热切欢迎之意，使宾客在陌生的环境中不至于落寞寡欢。礼规定，"主人不问，客不先举"（《礼记·曲礼上》）。因为宾客从外来，主人应该先问候下路途是否顺利，宾客则不先问候。寒暄完毕，宾客可以将带来的礼物送给主人，而且要说些"区区薄礼，不成敬意"之类的谦辞。如果对方是一位尊长，则进入室内后，直接将礼物放在一个角落即可（奠授受），不必亲手送给尊长。

当主人一方为宾客点茶递汤时，即便是佣人，也要恭敬致谢。如果

主人奉上茶点、水果，宾客要站起来，而且要等主人邀请之后，再品尝。

宾客来到，主人即使有再重要的事，也应该停下来接待，不可冷落宾客。东晋王恬生性傲诞，不拘礼法。谢万拜访王恬，本以为会受到热情招待。但王恬只陪客人坐了一会儿，就进入内室去了。过了好久，王恬才出来，他刚洗过头，散着头发，拎起一张胡床（马扎），坐在庭院里晾晒头发去了，神气傲慢。谢万只得失落地回去了（《晋书·王恬传》）。

宾主交谈时，双方都要注意措辞，还要运用谦辞敬语。主人在宾客面前，不可以呵斥宠物或批评孩子（尊客之前，不叱狗。《礼记·曲礼上》）。因为那样有指桑骂槐的嫌疑。

饮食

主人若留宾客用餐，一般要比平时自己用餐的规格高一等，但也不可奢华铺张。公孙弘从一介布衣做到丞相，生活非常节俭，"身食一肉，脱粟饭"（《汉书·公孙弘传》）。作为丞相却如此待己，公孙弘已经招人讥嫌。他居然也以此招待故人高贺（食以脱粟饭，覆以布被）。高贺非常不满，说："要你这老朋友富贵有什么用？脱粟布被，我自己就有。"于是，高贺到处宣扬公孙弘虚伪，"内服貂蝉，外衣麻枲（xǐ）；内厨五鼎，外膳一肴"（《西京杂记》卷二）。公孙弘也许并不虚伪，但他身为丞相，以脱粟饭待客确实失礼。如果主人自己饮食精美，待客饮食粗恶，就更不合礼了。

若家境贫寒，粗茶淡饭倒也无妨，要须精心烹调。北魏胡叟不治产业，常苦饥贫，但他并不以此为耻，能够安贫乐道。高闾（lǘ）曾造访其家，正好碰到胡叟身穿粗衣，曳柴还家。胡叟能招待高闾的，只有浊酒蔬食，但他亲自下厨，饭菜精洁，醯（xī，醋）酱调美（《魏书·胡叟传》）。这样，宾客自然挑不出主人的不是来。

告退

宾客应该在适当的时机向主人告退。如果宾客与主人就某一话题谈论完毕，主人并不挑起其他话题（语不更端），则宾客可以告退。如果主人露出疲倦之色，或有要事需要处理，宾客也要告退（吕大钧《乡仪·宾仪》）。宾客告退时，主人要予以挽留。宾客被挽留时，如果方便，可以再跟主人闲聊一会。如果确实不方便，可以说明理由后，再次告辞。宾客走出门户，屈下膝来，取鞋子，退至一旁，穿好鞋子（坐左纳右，坐右纳左。《礼记·玉藻》），然后跟主人道别。

送行

主人可以根据宾客的身份，来决定送行的远近。如果宾客是长者，则要亲送长者上车，若是步行，则要送至大门外（小区门外），甚至更远。如果宾客是同辈，也要亲自送其上车，步行则送至中门外（相当于单元门外）。如果宾客是晚辈，则可以送至自家房门外（吕大钧《乡仪·宾仪》）。主人送走宾客后，不可马上转身离去，还要目送一段。宾客告别主人时，要请主人留步，离开后要不时回头看看（顾视）主人是否还在，如果还在则要挥手或示意请主人回去。

致　谢

拜访后，宾客要通过电话或书函表示感谢，通常是在第二日，不可拖得太久（明日传言谢之。吕大钧《乡仪·宾仪》）。如果是关系密切的亲友，则可以回到家中后，立刻打电话或发信息报平安，并致谢。

回　访

宾主年辈相当，主人要在适宜的时候回访宾客（不宜隔太久），而且需携带同等的礼物。如果有事不能回访，则要向对方说明。宾客是长辈的话，一般最好亲往回拜。宾客是晚辈，则可以不回访，或派子女代替自己回访（吕大钧《乡仪·宾仪》）。

思考讨论

家中有客来访，你应该怎么协助爸妈招待客人呢？

链接

吴明府自远而来留宿

唐·戴叔伦

出门迎故友，衣服满尘埃。岁月不可问，山川何处来。

绮城容敝宅，散职寄灵台。自此留君醉，相欢得几回。

（蒋寅校注《戴叔伦诗集校注》卷一）

毛虞卿见过

宋·王十朋

故人访吾庐，况是清和节。高槐绿成阴，芳草碧未歇。

携手山间行，清兴浩然发。呼童具鸡黍，浊酒醅初泼。

贫居愧荒凉，野蔌（sù）草罗列。盘食饤（dìng）梅豆，蔬餐荐薇蕨。

主礼虽甚微，客色未尝觖（jué）。醉翁山水意，不为壶觞设。

蟹眼煎新汲，雀舌烹春撷。浇君文字肠，掉我清谈舌。

人生会面难，岁月易飘忽。君姑为我留，匆匆莫言别。

（陈思编、陈世隆补《两宋名贤小集》卷一百六十一）

第十一课 庆贺

　　西汉宣帝时期，自京兆尹赵广汉被诛杀后，好几位继任者都不称职，京城地区社会治安逐渐混乱。长安城市场里盗贼猖獗，商贾们深以为苦。在这样的情况下，张敞被任命为京兆尹。到任后，张敞明察暗访，发现几个偷盗者的首领都比较富足，外出时有僮仆骑马跟随，邻里都把他们当作长者看待。张敞就把他们召来讯问，暂时赦免其罪行，但抓住他们的犯罪证据，让他们将小偷召集来以赎罪。几个首领说："现在一旦召集他们到官府，恐怕他们会惊骇逃跑。不如暂时委任我们为小吏，这样就好办了。"张敞任命他们做了小吏，并定下了抓捕计策。几个首领因被任命为吏，回去后，便置办了酒席，大宴宾客。那帮小偷都来庆贺，趁他们喝醉，首领用赤土染红他们的衣服。张敞早已派吏卒在小区门口把守，只要看到衣服被染红的人就抓起来，一天之中，抓捕了数百人。张敞对案件加以严查，依法惩处偷盗者，市场秩序终于得以恢复（《汉书·张敞传》）。

张敞捕盗

　　人们遇到喜事，如子女弥月、房屋落成、婚娶、升职等，总是希望与故旧亲友一同庆贺。这是人之

常情。张敞正是利用这一点，设计将偷盗者一网打尽。庆贺活动中，自然会有宾主之分。此时，宾主双方都有哪些礼仪应该注意呢？

禀告先人

事亡如事存，是我们中国人的传统。家中发生喜庆之事，应该禀告先人。前一天，主人等要洒扫庭院，沐浴斋戒。第二天一早，来至祠堂（无祠堂，可以将神主或遗像放在桌子上行礼），焚香降神，然后献茶、酒。主人站在香案前，跪读告文。如生子满月，拜见先人，可以这样说："某之妇某氏以某月某日生子，名某，敢见。"告毕，主人退至香案东南，面朝西站立。主妇抱子，进见，再拜。其他事情可以参照上面的礼仪行事。如果告时用祝版，礼毕要将纸揭下焚烧（《家礼》卷一）。

择　日

庆祝总要选择一个吉日良辰。古代，选定日子后，还要占筮（shì）一下——筮日。这样做是慎重的表现，并非迷信。先秦时代，人们遇到事情，总是先谋划一番（人谋），做出决定之后，尚不敢十分确定，才会卜筮（鬼谋）。后世有些人遇到事情，不充分谋划，尚未作出决定，一味求神拜佛，那是理性不足，古礼反对这样做。古代用干支纪日，日分刚柔：甲、丙、戊、庚、壬为刚日；乙、丁、巳、辛、癸为柔日。礼仪规定，外事用刚日，内事用柔日。需要远出郊外办理的事情为外事，郊以内可以处理的事情为内事。一旬之外的日子，称为远日；一旬之内的日子，称为近日。卜筮择日的时候，丧事要先占问远日，吉事则可以先占问近日。卜筮不可以超过三次。卜（卜用龟甲）不吉，不宜再筮（筮用蓍草）。筮不吉，不宜再卜（《礼记·曲礼上》）。丧事之所以要先占问远日，是为了避免有不思念亡亲的嫌疑（《左传》宣公八年）。吉事没有这方面的顾忌，因此可以先占问近日。

先秦筮日的程序比较复杂，在后世百姓的日常生活中并没有沿袭下来。司马光设计了一种简便易行的筮日吉凶的方法：用两枚铜钱（今天可用硬币）掷于盘中，一正一反为吉，都是正面为平，都是反面为凶（《书仪》卷二）。朱熹编《家礼》时，连这样的方案也没有采取，只是在冠礼部分说："古礼筮日，今不能然，但正月内择一日可也。"（《家礼》卷二）传统日历上都会标注日子的宜、忌，现在民间依然在沿用。若不能依照古礼行事，从俗也无可厚非。但是需要注意，父母去世的日子不可举行吉事（忌日不乐。《礼记·檀弓上》）。

延　宾

凡是家中举行吉庆礼仪，主人要事先通知并延请嘉宾。古礼，延宾都是主人亲自出面。到了后世，一般的宾客也可以派使者或通过书信、请帖邀请，然而重要嘉宾还是要由主人亲自邀请。请帖都有固定的程式，而且措辞宜文雅。如男冠请客帖的样式：

某日小儿加冠，奉讶

台驾，祗聆

教诲。伏祈

早临，不胜荣荷之至。

右　　启

上

大某某某翁某府某台老先生大人阁下

眷某某姓名鞠躬

女笄（jī）请客帖的样式：

　　某日小女拜镜，奉讶
莲舆，祗聆
闺训。伏祈
　早临，曷胜荣荷之至。
　　右　　启
　　上
大阃范某府尊某某某孺人妆次
　　　　　　眷室某门某氏肃容拜（吕子振辑《家礼大成》卷三）

　　延请嘉宾时，主人来到宾客门外（其实，此时主人是客，宾客是主），谦虚地表达邀请之意。宾客则要礼辞一下，然后答应（礼辞许。《仪礼·士冠礼》）。因为是行礼，担心自己礼仪生疏，不能处理好相应的事务，所以要推辞。又因为宾主之间情谊殷切，而且君子乐于成人之美，所以只是礼辞而已，并不坚辞（固辞）。现代社会，面对主人的邀请，宾客一般都不会推辞。

服　饰

　　宾客前往主人家庆贺，应该穿上鲜洁的礼服，可以适当化妆，佩带简单的首饰。尤其需要注意的是，服装不宜纯素。古礼，玄主吉，素主凶。后世，则以红白区分吉凶。有一户人家特别讲究避忌，家里举行庆贺之礼，一切东西都用红色，绝不用白色。有一位客人骑了一匹白马而来，结果主人不让那匹马进入马厩。有一位少年，脸堂白皙，为人戏谑，就用朱砂把脸涂红。主人看到后，惊问其缘故。少年回答说："知道先生您厌恶白色，所以我不敢因为脸白而得罪于您啊。"宾客们哄堂大笑，主人羞愧难当（吕坤《呻吟语》卷六）。此事虽然近乎笑话，却颇能反映人们对红白吉凶的心理感受。

礼，入门而问讳（《礼记·曲礼上》）。讳，是指主人家先人的名讳。我们可以把"讳"进一步扩大为主人家的忌讳。宾客应该考虑到自己的言行可能对主人产生的影响，从而加以克制、调整。如果对主人家缺乏深入了解，宾客的言行（包括服装乃至所携带物品的颜色）都要符合大众的文化心理，这样才不会闹出不愉快的事情。

礼　物

宾客馈赠主人礼物，应该与所庆贺的事情相应，比如儿童弥月，可以赠送儿童的衣物、玩具等。什么样的事情赠送什么类别的礼物，这些都有约定俗成的习惯，不必标新立异。很多时候，除了赠送礼物外，还要赠送钱财（俗称礼金）。礼金的多少一般根据宾主间情分厚薄而定，而且要遵守对等的原则（客往与主人来时的礼金要相当），也有成例可循。主人家举行礼仪，必定要有一定的花费，宾客通过馈赠财物的方式来佐助主人，所以其本意是互通有无、周济空乏，从而增进彼此之间的情谊。如果宾客经济上确实有困难，也不必太在意财物的轻重，主人应给予以体谅，毕竟情谊是无价的。

秦末，单父（shàn fǔ，地名，今山东单县）人吕公与沛县县令交好，为躲避仇家，就到县令家做客，并把家搬到沛县。沛中官吏听说县令有贵客，都前往庆贺。萧何负责接收礼物，对客人说："贺礼不满一千钱的，请坐到堂下。"刘邦当时是一位亭长，向来看不起那些官吏，就故意在名谒（名刺）上写道"贺万钱"，其实他一文钱也没带。名谒被送进去后，吕公看了大吃一惊，忙起身出迎。吕公善相术，看到刘邦的相貌后，就

特别敬重他，请他堂上就坐。萧何劝阻吕公说："刘季为人喜欢说大话，少有成事。"刘邦见此，便戏辱堂上的贵客，毫不客气地坐到上座去了（《史记·高祖本纪》）。刘邦大言欺人，本属失礼，由于特殊的原因才受到礼遇。

喜不失节

人逢喜事，精神自然爽利，但是仍要保持克制，不宜失节。曹丕、曹植兄弟二人争夺太子之位，最终曹丕胜出。曹丕本人欢喜地不知如何是好，搂住辛毗（pí，三国时魏国重臣）的脖子说："辛君啊，你知道我有多欢喜吗？"辛毗将此事告诉女儿宪英。宪英感叹地说："太子将来是要代替国君主持宗庙社稷的。代替国君不可以不悲戚，主持国事不可以不战惧。太子如此，恐怕大魏的国运不会昌盛啊。"（《晋书·列女传》）曹丕的亲生母亲是卞氏，当时有人建议她倾尽府库所藏，大加赏赐，以示庆贺。卞氏说："魏王只是因为曹丕年长才立他为继承人。我没犯教子无方的过错就已是莫大的荣幸了，又怎么可以赏赐庆贺呢。"（《三国志·魏书·后妃传》）曹丕得意忘形，终惹人非议。卞氏喜不失节，曹操赞其难能可贵。不管处在怎样的情况下，我们都应当保持理性清明，喜怒哀乐等情感的发露都要中节合度，争取做到怒不变容，喜不失节。

节　庆

传统社会，人们常会在节日的时候，寻亲访友，往还庆贺。最重要的当然是元旦，其次则是冬至。我们中国传统的节日，符合大自然的律动，与自然同步。

冬至在传统历法中，居于起首之位。这一天是阴之极、阳之始，一阳初生（在《周易》卦象中为复卦）。冬至，国家要举行祭天礼仪（最高规格的祭祀活动）和大朝会庆贺活动，官吏放假七天（《唐六典》卷二）。商家们往往也罢市歇业，专心做节（《武林旧事》卷三）。

元旦是阴历正月初一（西历1月1日并非真正的元旦），也称春节。冬至在十一月，一阳生。十二月，二阳生。正月，则三阳生。元旦在《周易》的卦象中是泰卦，三阳爻在下（象征天），三阴爻在上（象征地），阳气上升，阴气下降，天地交泰，所以元旦是三阳开泰的好日子。

冬至、春节是传统社会最重要的节日，春节相互拜贺的习俗一直到今天还保留着，冬至的习俗却已经消失了。为赓（gēng）续文化传统，我们不妨恢复冬至节。其他节日，人们也会相互来往，但是没有冬至、元旦那么郑重其事。现代社会人们一般都通过打电话、发短信等方式相互拜贺。

不宜庆贺

为人子女者，在居丧期间，不宜举行庆贺礼仪，也不宜参加庆贺礼仪。如果为儿子举行冠礼当日，嘉宾已经到达礼堂，此时主人家中忽然听说发生了齐衰、大功之丧的话，就不能照常行礼了。如果是内丧（本宗亲人），礼仪活动要马上停止。如果是外丧（外属亲人），则礼仪要进行省简（只加冠，不醴冠者）。如果嘉宾还未来到，则不论是内丧还是外丧，礼仪都要停止（《礼记·曾子问》）。如果选定的日子还没有到，主人遇到齐衰、大功、小功亲属的丧事，则让儿子穿上丧服，到时再加冠（《礼记·曾子问》）。古礼规定，女子二十出嫁（二十是上限），若不幸在二十岁时遭遇父母之丧，则要推迟到二十三岁出嫁（《礼记·内则》）。若在举行婚礼过程中，遇到丧事，新郎、新娘都要改服赴丧，婚礼仪节不再进行。服丧期满之后，也不再补行礼仪（《礼记·曾子问》）。

南北朝时代，南朝人在冬至、岁首，不前往丧家庆贺。北朝人不但不庆贺，甚至要在这天重行吊礼（《颜氏家训·风操》）。南北轻重虽然不同，但不庆贺是一致的。

现代社会，有些地方，居丧之家要在大门上贴一张白纸，上书"守孝"两字，逢年节，不贴春联，不蒸馒头（由左邻右舍赠送）。这些做法，虽然礼无明文，但都是合乎礼义的。

思考讨论

假如要去参加一个孩子的弥月庆贺礼仪，你该做哪些准备呢？

链接

送喻凫春归江南

唐·顾非熊

去年登第客，今日及春归。莺影离秦马，莲香入楚衣。
里间争庆贺，亲戚共光辉。唯我门前浦，苔应满钓矶。

（《全唐诗》卷五百九）

千秋岁

贺莆守汪待举怀忠生日，汪报政将归，因以送之。

宋·黄公度

郁葱佳气，天降麒麟瑞。回首处，江城外。一麾遗爱在，万口欢声沸。人乍远，危楼目断天无际。

五马徘徊地，春色随归斾。寿水绿，壶山翠。风轻香篆直，日暖歌喉脆。椒觞举，人人尽祝千秋岁。

（黄公度《知稼翁词》）

第十二课 吊慰（上）

　　孔子的侄子孔篾（miè）与弟子宓（fú）子贱都出仕做官。孔子看望孔篾，问道："自从你出仕以来，有哪些获益，哪些损失？"孔篾回答说："没有什么获益，损失有三个方面：公务繁忙，没有时间学习，学业不明；俸禄微薄，不能惠及亲戚，骨肉越来越疏远；公务急促，不能吊死问疾，朋友之道有缺失。"孔子又到宓子贱那里，问他同样的问题。宓子贱回答说："自我出仕以来，没有什么损失，获益有三个方面：一开始只是诵读，现在有机会付诸实行，学业越来越通达；俸禄所供，惠及亲戚，骨肉越来越亲近；虽有公事，但坚持吊死问疾，朋友之间的情谊越来越笃厚。"孔子听后，感叹道："宓子贱真是一位君子啊。"（《孔子家语》卷五）

　　人生于世，祸灾、疾病、死丧常所不免。艰难困苦，最能使人们抟（tuán）聚到一起，而其表现方式则为相互吊慰。吊慰时，我们应该注意哪些礼仪呢？下面，我们就来介绍与吊丧相关的礼仪。

讣　告

　　父母去世后，丧主要派人通知亲友熟人，这在礼中称为"赴"（通"讣"）。古礼，如果亡者出仕为官，还要告诉国君（《仪礼·士丧礼》）。后世常用书信通知（即是讣告或讣文）。讣告要用粗纸书写，而且应该直书其事，不宜用太多的文辞修饰（《书仪》卷九）。若在措辞上加以讲究，会显得没有专心守丧。讣告的书写遵循固定的程序即可，不必另辟新样。举例如下：

> 某亲某人以某月某日得疾，不幸于某月某日弃世，专人讣告。
> 月日哀子某泣血某亲某人（徐乾学《读礼通考》卷六十五）。

开头的"某亲某人"是指亡者，最后的"某亲某人"是指所要通知的亲人。根据礼典，举行祭祀时称孝子、孝孙，举行丧礼时称哀子、哀孙。我们今天可遵循古礼，不论是父亲去世，还是母亲去世，一律称哀子，不必再作区分。

现代社会，有些知名人士的讣告是由治丧委员会具名，以通知的方式发布，那就不必题写所要通知的亲朋的姓名了。不论是亡者家属具名、还是治丧委员会具名，那讣告都应当尽量直书其事，不宜在讣告里介绍亡者的生平。如果有必要对亡者的生平事迹进行介绍，应该另纸专文介绍（此种文字为行状或行述），附在讣告后面。

吊　时

古礼，亲友听闻某人去世的消息，就可以前去吊丧。甚至，第一时间赶到，是对亡者敬意的一种表达。柳庄是卫国的贤臣，卧病在床多日，家人向卫献公禀报。卫献公叮嘱其家人："如果病情加剧了（去世的讳称），即使我在举行祭祀活动，也一定要通知我。"后来，柳庄去世时，卫献公正在祭祀。卫献公获得消息后，便向尸（代表亡者受祭的人）再拜稽（qǐ）首，说："卫国有一位贤臣柳庄，他不是我一个人的臣，而是社稷之臣。我听闻他的死讯，请允许我前往吊丧。"卫献公连祭服（吉服）都没来得及换下，就直奔柳庄家而去，到了之后，便把祭服送给柳庄用来敛

尸，并送给他的儿子两块封地（《礼记·檀弓下》）。卫献公为表达对柳庄的尊敬，故如此。

南北朝时代，江南地区，如果父母去世，相知者在同一城邑，三日之内不来吊丧，就会跟他绝交。居丧期满，路上相遇则会主动避开。这是因为对方在自己遭遇不幸的时刻，不能同情自己，而心中怀有怨意。如果有事不能前往，或路途遥远，则要通过书函吊慰。如果没有书函，丧主也会跟他绝交（《颜氏家训·风操》）。

后世，吊丧时间，一般在成服后，出殡当天。一般的宾客，吊丧要把握好时机，最好在丧家举行一些仪式时前往（此时丧家会命人专门接待吊客），不宜单独烦劳丧家。这叫"丧俟事，不犆（通"特"）吊"（《礼记·少仪》）。

今天，如果不能亲往，也可以用书信吊慰。丧主不可立即答复，要在丧礼结束之后，再予以答复（《家礼》卷四）。

吊　服

主人居丧，宾客来吊，服装不可以华美艳丽，不宜太过妆饰，不宜佩带饰品。如果本来参加吉礼，来不及更换，则要在华美的服饰外面加一件朴素的衣服，并摘下饰品。古代有专门的吊服，现代已经不存在，但还是要穿着素服（《家礼》卷三），可以是白色或暗色调，不可以是彩色，尤其不可以是红色。古代君王吊丧所乘用的车子都是专门的。我们今天吊丧时，最好也不要开着红色的私家车前往。

北魏孝文帝太和十四年（490年），冯太后去世。南朝齐武帝萧赜（zé）派裴昭明前往吊丧。裴昭明到了北魏后，想以朝服（红色）行吊礼。北魏主客（负责接待外宾的官员）予以拒绝，说："吊丧有固定的礼仪，怎么可以穿朱衣进入陵园？"裴昭明借口奉诏行事，不容改易。双方各执己见，僵持不下。孝文帝只得派学识渊博的成淹跟裴昭明辩论。最终，裴昭明理

吊丧宜素服

屈词穷，只好借来缁衣（黑色的衣服）套在朝服外面行礼（《魏书·成淹传》）。

吊丧虽说不可太过修饰，但也不宜蓬头垢面。鲁季孙氏的母亲去世，鲁哀公亲临吊丧。曾子与子贡也前去吊丧，门人（传达宾主命令的人）以国君在内为由，拒绝通报。曾子与子贡就到季孙氏马厩里"修容"一番。子贡先行，门人一看他容饰后的威严，便请他进去，并解释道："刚才已经通报过了。"曾子随后，门人更不敢怠慢，赶忙退避到一旁。两人进入后，卿大夫都离位致敬，就连国君也向他们行礼（《礼记·檀弓下》）。

迎　宾

亲友前来吊丧，五服以内的本宗亲属不需要迎接。五服以内的外属，因为有宾主之道，则需要迎接。朋友是必须迎接的。后代，成服之前，丧主不亲自迎宾，由主持礼仪者代为迎宾（《书仪》卷五）。

古礼，丧主迎接宾客时，要跪拜、哭泣，吊客则要面带戚容。现在乡间依然如此。当丧主跪拜时，宾客要立即进前扶掖，宽慰丧主节哀顺变，但宾客并不答拜。

现代社会，城市里举行追悼会，丧主往往不迎宾。宾客前来吊祭，

先向亡者拜（一般是鞠躬），再跟亡者家属握手。这些做法多有不妥。不迎宾为失礼，主礼者还是应该安排家属（亡者之子）在门口迎接。

握手表示慰问，有其合理性，但是不宜滥无节制地使用，来宾不必一一与家属握手（若有数百人前来吊丧，其情形可想而知）。南北朝时代，江南吊丧，只有跟丧主情谊殷切的吊客，才执手，一般的吊客并不执手（《颜氏家训·风操》）。唐礼把执手慰问称为"执慰"（《大唐开元礼》卷一百三十八）。

思考讨论

孔子在谈到丧仪时说，"丧，与其易也，宁戚"（《论语·八佾》）。意思是，丧礼与其礼节仪式办理很周到，不如发自内心的哀伤。你认为这一章所讲的吊丧之礼与"戚"之间是怎样的关系？

链接

哭杨兵部凝陆歙（shè）州参

唐·韩愈

人皆期七十，才半岂蹉跎。并出知己泪，自然白发多。

晨兴为谁恸，还坐久滂沱。论文与晤语，已矣可如何。

（韩愈《韩昌黎全集》卷四）

伤哉行

唐·孟 郊

众毒蔓贞松，一枝难久荣。岂知黄庭客，仙骨生不成。

春色舍芳蕙，秋风绕枯茎。弹琴不成曲，始觉知音倾。

馆月改旧照，吊宾写余情。还舟空江上，波浪送铭旌。

（刘辰翁评《孟东野诗集》卷一）

第十三课　吊慰（下）

　　原涉是西汉末年的著名游侠。他的父亲在汉哀帝时做南阳太守。当时天下殷富，大郡的太守若去世，宾客赠送的钱财会达到千万以上。亡者家属接受这份钱财，家业也就兴起来了。父亲去世后，原涉不仅退还了南阳郡人赠送的钱财，还依古制为父亲守丧三年。就这样，原涉的名气一下子在京城传开了。成名后，原涉做了很多救济穷人、为人排忧解难的事情。

　　一次，有人宴请原涉。原涉刚进里门（相当于小区大门），有人提及原涉的某位熟人的母亲在附近养病。原涉便前往探问，正要敲门，就听见这家人的哭声。原涉忙进入吊唁，询问治丧情况，才知道丧主家中一无所有。原涉说："你尽管把屋子打扫干净，给亡者沐浴，等我回来。"原涉回到宴请他的主人家中，当着众宾客叹息道："人家母亲去世了，还未收殓，我哪有心思享用，请撤去酒食吧。"宾客们争着问都缺些什么，原涉现场开列丧礼所需物品，交给他们置办。宾客们分头去购买，日头刚过正午，就都备齐了。原涉检验一番，然后对主人说："现在可以赐宴了。"但原涉只是草草用了些饭菜，并不吃饱，就带着众宾客与丧具来到丧家，帮忙料理丧事（《汉书·游侠传》）。

　　办理丧事，需要一笔不小的费用，宾客会在此时馈赠财物给丧家，助其渡过难关。原涉退还财物是廉，周人之急是义，真不愧有大侠风范。

　　吊丧或慰问他人时，还有哪些礼仪需要注意呢？

赙　赠

　　吊丧时，宾客若认识亡者，则会送一些玩好之物给亡者作为陪葬品，古礼称之为"赠"。若是认识生者，则送一些财物补助主人用度的不足，古礼称之为"赙"（fù。《仪礼·既夕礼》）。主礼者要安排专人将这些财物一一登记在册。

　　孔子到卫国去，恰好碰到"旧馆人"（孔子至卫，卫君命其接待孔子，孔子住于其家。后世称为"居停主人"）去世。孔子吊丧时，情不自禁，哭得非常悲伤。出门后，孔子命子贡脱去骖（cān）

孔子赙骖马

马送给丧主。子贡提出异议，说："门人（指弟子）去世，老师都没有脱骖相送，却送给'旧馆人'，这礼太重了。"孔子说："我刚才进去哭，情不自禁地流出了眼泪。这样强烈的情感，不可以没有表示。你还是把骖马送给他吧。"（《礼记·檀弓上》）可见，赙赠要与吊丧时的情感相应。

　　郭林宗母亲去世，徐稺（zhì）担了一束鲜草（生刍），放在郭氏庐前，然后就离开了。众人都感到奇怪，不知其故。郭林宗说："这一定是高士徐孺子（徐稺的字）。《诗经》不是这样说吗：'生刍一束，其人如玉。'我哪里受得起啊。"（《后汉书·徐稺传》）徐稺的赙赠，与众不同，倒比钱财还要贵重呢。

　　赙仪可以在吊丧之前派人带着书函致送，也可以在吊丧时自己致送或吊丧后派人带着书函致送。致送赙仪的书函以及谢函（丧礼结束后）格式都是固定的。下面是朱熹《家礼》（卷三）中所载的致赙状、谢赙状的

格式，可以参考。

致赙状式

具位姓某

　　某物若干

右谨专送上　某人灵筵，聊备　赙仪。伏惟　歆纳。谨状。

月日具位姓某状

谢赙状式

某郡姓某

　　某物若干

右伏蒙　尊慈，以某　某亲违世，特贶（尊者用"赐"）　赙仪，不任
哀感之至，谨奉状陈谢（尊者用"上谢"）。谨状。

月日姓某状

不自宾客

　　前来吊丧，虽是宾客，却不宜以宾客自处。居丧时，主人要守灵，
无心处理任何具体事务，所以吊客要主动帮助主人料理丧事。如果正是
丁壮之年，送葬时，应该主动帮忙抬棺木。下葬后，还要帮忙把墓穴填
满（五十岁可以先返回。《礼记·杂记下》）。若与丧主关系比较亲近，送葬后不
宜径直离开，还是要到丧主家中协助处理后续事宜，并给丧主以情感的
慰藉。

　　古礼，吊客前往，都是自备吊服。后世，则由丧家临时制作。而
且丧家要备办酒席招待吊客。这些都与礼的精神相悖，属于陋俗，应该
予以革除。如果吊客负责为丧家主持丧礼，可与丧家商妥后，事先通知
其他亲友，不置办吊服、不备酒席。若只是单纯吊丧，则可事先告知

丧家，不必为自己备办这些。如果已经备办，则可以不接受（吕大钧《乡仪·凶仪》）。

吊丧之后

吊丧之后，还有一些礼仪常为人们所忽略。吊丧之后，不可以饮酒食肉（行吊之日，不饮酒食肉焉。《礼记·檀弓下》）。依据情理，行吊之前似乎也不宜饮酒食肉。试想，一个人醉醺醺地前来吊丧，丧主会作何感想呢？当然有些时候事出突然，那情有可原。若是已经豫定在某日吊丧，当日就不要饮酒食肉了。吊丧之后，由于心情悲伤，当然无心于酒食。如果照常饮酒食肉，则会让人觉得吊丧时的悲伤是虚伪的。吊丧之后，不可以听音乐、唱歌（吊于人，是日不乐。《礼记·檀弓下》）。这也是"哭日不歌"之意（参《中华日常礼仪基础教程》第一册）。现代社会，吊丧之后，除了上述事项之外，还不宜出入娱乐场所，参与娱乐性活动。

问　疾

伯牛不幸染有恶疾，不欲见人。孔子前往探问，从窗户里握着他的手，说："难得活了，这是命呀。这样的人竟然患上这样的病！这样的人竟然患上这样的病！"（《论语·雍也》）孔子对弟子的关怀如此殷切，让人千载之下读来都有一种感动。而当孔子自己患病时，国君前来探问，他便头朝东卧着，把朝服（上朝穿的礼服）披在身上，将衣带摆好拖在上面（《论语·乡党》）。我们可以设想，若是亲友前来探问，孔子虽然不必披上朝服，估计也会披上日常交际所穿的常礼服吧。孔子充分为我们展现了探病时，宾主双方的礼仪：宾客要给予病者以十足的关切，而主人（病者）则要庄严以待，不可以因为生病而缺了待客的礼数。

古礼规定，一个人如果不是父母去世，不在野外住宿；不是斋戒、生病，不可一天到晚宅在室内。因此，如果一个人白天宅居家中，其邻里、亲友自然会觉得他可能生病了，便要前来问疾（昼居于内，问其疾可也。《礼记·檀弓上》）。如果一个人晚上宿于野外，其邻里、亲友自然会觉得他的父母可能去世了，便要前来吊唁（夜居于外，吊之可也。《礼记·檀弓上》）。现在媒体经常报道，某人在家中去世，很久之后才被发现。如果这些礼仪仍然为人们所遵循，人与人（邻里）之间充满关切，这样的悲剧或许可以少一些。

现代社会，人们常会去医院探病，那就要遵守医院的规章制度，在规定的时间之内去探问。在医院里，走路、说话都要轻（声容静），不可以打扰其他病人休息。探望病人，可以携带鲜花、水果或点心送给病人，也可以赠送一定的财物给病人家属。

慰　问

只要亲友家中发生不幸的事，一般都要前往慰问，并不限于生病、死丧。孔子家的马厩失了火，乡人们前来慰问。孔子一一予以拜谢（《礼记·杂记下》）。这是对意外事故的慰问。

南北朝时期，王肃的父兄为萧赜（zé）所杀，他就投奔北魏。王肃刚到北方，没有人认识他，羁旅穷悴（cuì），过得非常艰难。经过悬瓠（xuán hù，地名）时，颍州刺史刘模供给他日常所需的物品，给予慰问，以礼相待（《魏书·高允传》）。这是对旅寄他乡之人的慰问。

遇到陌生人遭遇不幸，虽然不必慰问，但也应该表示同情，不可无动于衷。孔子乘车遇到穿着丧服的人，也会身体微俯，以示同情（《论语·乡党》）。孔子在有丧者之旁吃饭，从来都不吃饱（《论语·述而》）。这些都是对他人同情的表现。

不 吊

礼规定，有些情况不宜吊丧，有些情况不必吊丧。居父丧期间，不可以吊丧问疾。若是五服之内的亲属去世，可以前往痛哭，而且要穿相应的丧服。父亲还在，居母丧，十一个月后（礼称为"练"，相当于"小祥"），才可以吊丧。吊丧时，悲戚的表情也与一般的吊客不同。吊哭之后，就要回到家中，不可以在丧礼中做具体事务（《礼记·杂记下》）。

子张去世时，曾子正在居母丧，他穿着丧服前往痛哭。有人对曾子此举提出非议。曾子说："我这是吊丧吗？"（《礼记·檀弓下》）曾子、子张分属同门，彼此情谊深厚。好友去世，曾子悲痛过甚而前往痛哭，并不是为吊丧而来，不可用一般的吊丧之礼衡量。

另外，斋戒期间，因为要保持精神的纯一，也不可以吊丧（《礼记·曲礼上》）。

我们中国人特别珍视自己的身体，认为身体是父母给予我们最宝贵的东西。一个人如果不珍惜自己的身体，致使身体受到伤害，乃至死亡，礼规定，这样的人不必给予同情。《礼记·曲礼下》说："死而不吊者三：畏、厌（通"压"）、溺。"畏，是指其他人以某种罪行强加给自己，自己没有智慧、能力摆脱而丧命。压，是指行走或停留在危险之处，被砸死。溺，是指不乘船或走桥梁，泗水溺死。这三种都是死于非命，而且是由于自己的不谨慎所造成。这样的情况，可以不去吊丧。另外，对于不义之士，在其去世后，人们也不屑于前往吊丧。孔子就曾因为宗鲁的行为不合道义，而阻止弟子琴张前往吊唁（《左传》昭公二十年）。

思考讨论

去医院探问病人，应该注意哪些礼仪呢？

链接

哭李观

唐·孟 郊

志士不得老，多为直气伤。阮公终日哭，寿命固难长。

颜子既殂谢，孔门无辉光。文星落奇曜，宝剑摧修铓。

常作金应石，忽为宫别商。为尔吊琴瑟，断絃难再张。

偏毂不可转，只翼不可翔。清尘无吹嘘，委地难飞扬。

此义古所重，此风今已亡。自闻丧元宾，一日八九狂。

沉痛此丈夫，惊呼彼穹苍。我有出俗韵，劳君疾恶肠。

知音既已矣，微言谁能彰。旅葬无高坟，栽松不成行。

哀歌动寒日，赠泪沾晨霜。神理本窅（yǎo）窅，今来更茫茫。

何以荡悲怀，万事付一觞。

（刘辰翁评《孟东野诗集》卷十）

访疾

唐·孟 郊

冷气入疮痛，夜来痛如何。疮从公怒生，岂以私恨多。

公怒亦非道，怒消乃天和。古有焕辉句，嵇康闲婆娑。

请君吟啸之，正气庶不讹。

（刘辰翁评《孟东野诗集》卷三）

第十四课　公德

近代以来，不少学者曾撰文，批评中国人缺乏公德。林语堂认为，中国人缺乏公共精神，儒家学说强调五伦，却忽略了对陌生人的社会义务（林语堂《吾国与吾民》第六章，中国戏剧出版社，1990年，第165页）。林氏甚至认为，中国人对待朋友及熟悉的人并非无礼貌，但超出了这个界限，则会对其旁边人采取积极的敌意的行动；如果他是公共汽车的同车乘客，或戏院子买票间附近的客人，彼此的争先恐后，不让于世界大战时火线上冲锋的勇猛（林语堂《吾国与吾民》第六章，第168-169页）。

林氏的笔锋不可不谓犀利，却有些偏颇、言过其实。传统文化固然强调五伦，但是对待陌生人还是遵循宾主交接之道行事，采取的是客气、友善的态度，而非敌意。缺乏秩序的行为，确实存在，但那只是从传统跨越到现代的过程中，人们不能迅速适应而已，并不是传统文化在这方面存在短板。那些社会问题，正需要我们通过发掘传统礼学资源，来予以解决。下面，我们把传统礼学中合乎公德的部分略加介绍。

自　重

孔子说："君子不重，则不威。"（《论语·学而》）一个人不敦重，举止轻佻，就不具有威严，难以获得别人的尊敬。在公共场合，举动尤其要稳重，不可做出引人侧目的事情。

君子出门必饰，不宜蓬头垢面、衣衫不整，也不宜穿奇装异服。传

统礼仪，"禁异服"（《礼记·王制》），将那些奇装异服视为"服妖"，认为会带来灾祸。春秋时代，郑国子臧喜欢用鹬（yù）鸟的羽毛做冠。郑文公听说后，非常厌恶，派人将他杀死（《左传》僖公二十四年）。郑文公的行为确实不当，但子臧若不着奇装异服，大概会免于一难吧。社会价值观虽然是多元的，但总有一种居于主流地位，它也会反映在服装上面。如果穿着太过怪异，一般人便会投以异样的眼光。

传统礼仪规定，"登城不指，城上不呼"（《礼记·曲礼上》）。登上城墙，不要随便指指点点，更不可在城墙上大声呼喊。城下往往是人群聚集的地方，这些行为都会令人心生疑惑，不知发生了什么事情，由此引发不安，乃至恐慌。现在群众性的集会非常多，在这样集会的时候，应该遵守此礼。

周代设置衔枚氏一职，专门负责禁止"叫呼叹鸣于国中者"以及"行歌哭于国中之道者"（《周礼·秋官·衔枚氏职》）。这里的"国"是指城市。在城市中大呼小叫，边走边唱歌或哭泣，这些行为不仅扰民，而且会令民众心生疑惑，都在被禁止之列。今天，我们在公共场合，声音不宜太大，也不可肆无忌惮地唱歌、哭泣，头脑要保持理性，声容要保持安静。

传统社会，每个人都要佩戴帨巾，贵族们出游也要携带唾壶，不把痰吐在干净的地面上。我们今天不论走到哪里，都要爱护好公共环境。

总之，在公共场合，我们的言行要保持谨慎、优雅，保证自己不失态。这就要努力提升个人的礼仪修养（参《中华日常礼仪基础教程》第一册）。

不干扰他人

礼仪的重要的原则，就是不管身处何地、在做什么事，都要首先心存他人，并给予对方以充分的尊重。这种尊重的最低要求是自己的言行不会干扰、妨碍他人。

　　进行娱乐活动时，即便是在自己家中，也应该控制音量，以免影响邻居。如果只顾自己愉快，而忽略自己的行为可能会给别人带来干扰，别人即便不指出，也可能心怀怨意。如果一而再、再而三冒犯他人，可能会惹起纠纷，甚至酿成祸端。

　　不要在人行道上、电梯口、房门口等人来人往的地方停留太久或者与朋友聊天，那样会妨碍他人。三人同行，最好排成行，不可并肩而行，否则占据太多路面，会给别人带来不必要的麻烦。

　　在公交、地铁等公共交通工具里，不要接、打电话，也不要交谈、进食。如果是父母的或非常重要的电话，可以接一下，通话时要掩住口，低声跟对方说："很抱歉，我现在在地铁里，待会给您拨过去。"车辆行驶的过程中，不要与司机攀谈，也不要干扰司机驾驶，那样存在很大的危险。

　　参加公共活动，务必守时，不要因一个人的迟到而影响集体的活动，耽搁众人的时间。

　　我们做事时如能始终心存他人，自然就会注意自身言行可能会给别人带来的影响。心存他人、不干扰他人，这一原则可以推广到生活的各个方面中去。如果不清楚自己的言行会不会给对方带来干扰，做事前最好换个角度，设身处地地替他人想一想，分析一下此事对自己的利和对他人的弊，然后秉持"己所不欲，勿施于人"（《论语·卫灵公》）的原则来决断是否采取行动。

宽　容

　　对待别人的失礼行为，我们应该抱宽容的态度，不可肆意讥笑、抨击。孔子说："躬自厚而薄责于人，则远怨矣。"（《论语·卫灵公》）严以律

己，宽以待人，自然不会招来怨尤。

君子处众，矜而不争（《论语·卫灵公》）。"矜"有庄敬、含容二义。自身庄敬而又能含容他人，自然不会与他人产生纠纷。如果别人冒犯了我们，不可武断地认为对方是故意针对自己，从而怒目相向、恶语相加，那样只能显得自己粗鲁无礼。那样的时刻，我们应该保持心平气和，即便对方还没有意识到自己的过失，也不妨报以善意的微笑。如果对方无礼纠缠，起了纷争，我们当理智面对，先反省自身的不是，不可争强求胜（很毋求胜。《礼记·曲礼上》）。如果得理不饶人，与对方拳脚相见，那不仅是礼所不许，也是法所不容。青壮年，血气方刚，万不可与人斗殴（《论语·季氏》）。与人斗殴，在荀子看来，是忘身、忘亲、忘君的大不孝行为，就好比用狐父之戈（比喻身体是宝贵的）斩刺牛矢（《荀子·荣辱》）。

乐于助人

当别人遇到不便或困难的时候，我们应该慷慨地施以援手。如果遇到老人、孕妇、残疾人等乘车，应该主动提供帮助。如果有人抱持着一大堆东西，要进门或出门，不妨替他打开门来。路上看到老人负担重物，应该帮忙提携。要知道，颁（通"斑"）白者不负戴于道路，可是孟子对教化成功与否的一条重要考核标准（《孟子·梁惠王上》）。

遇到残障人士，尤其应当积极主动提供帮助。师冕拜见孔子，孔子迎接他，行至台阶前，孔子提醒他"小心台阶"。行至座位前，孔子又提醒他"这是座位"。坐定后，孔子向他介绍说"某某在座、某某在座"（《论语·卫灵公》）。因为那时乐师一般都是盲人，所以孔子对他特别予以关怀、照顾。

孔子说："见义不为，无勇也。"（《论语·为政》）只要是合乎道义的事情，就应该勇敢地去做。

遵守秩序

礼仪最重秩序，只有保证秩序，才能高效、妥善地将事情处理好。传统礼仪比较偏重于长幼有序，现代社会更注重先后有序。不管怎样，强调秩序则是相通的。

守序是一种品质，是对礼仪本身的诚敬，不论是否有其他人存在，都应该遵礼守序。一天晚上，卫灵公与夫人共坐，听到车声辚（lín）辚，到城阙下停止了，过了城阙又开始有车声。卫灵公问夫人："你知道是谁吗？"夫人回答："这一定是蘧伯玉。"卫灵公问："你怎么知道呢？"夫人答道："礼仪规定，经过公门要下车，看到国君的马要致敬。忠臣孝子，不会因为在众目睽睽之下而故意展示自己的信誉、节操，也不会因为众

遵守秩序

人不知而行为懈怠、惰慢。蘧伯玉是卫国的贤臣，他不会因为是晚上而废弃礼仪，因此一定是他了。"卫灵公派人去查看，果然是蘧伯玉（《列女传》卷三）。礼仪是秩序的保障，不论是昭昭的白日，还是冥冥的夜晚，都应该恪守不失。

如果是在众人之中，守序就表现为不争（在丑夷不争。《礼记·曲礼上》）。古人云："道涂（通"途"）不争险易之利，冬夏不争阴阳之和。"（《礼记·儒行》）在道路上，不与人争平坦之地。冬夏时节，不与人争暖

凉之处。生活中，我们常要排队。排队时，要注意跟前面的人保持一定的距离（以一个身位为宜），不要拥挤、推搡（sǎng）前面的人。不要插队，那样只会惹人反感。即便认识内部人员，最好也不要通过关系插队。那样的话，一方面会让对方难做，另一方面会引起排队的人的抗议。如果替别人占位置，应该跟后面的人稍作说明，不可以为多人预占空位。别人为我们保留了位置，我们来到后，应该向后面的人致谢。如果要向工作人员询问事情，或轮到我们处理事情，说话尽量简短，尽可能迅速处理好。如果别人着急，而我们并无急事，不妨大方地请对方先行办理（黄顺华编辑《现代中国人的礼仪》第一章，第13页）。

入国问俗

　　现代社会，客居他乡或移民海外的机会大大增加了。礼仪规定，"入竟（通"境"）而问禁，入国而问俗，入门而问讳"（《礼记·曲礼上》）。入境，是指进入一个国家。禁，是指政教所忌，包括法律禁令、文化禁忌。任何一个国家都有自己的禁忌，作为宾客，理应尊重，不得冒犯。国，此处指城市。进入一个城市，应该进一步了解其风俗习惯。入门，是指主人的家门。讳，是指主人家先人的名讳。我们来到一个全新的文化环境里，作为宾客，应该遵守当地的法律法规，尊重原住民的文化禁忌。所谓"入乡随俗"，指的就是这种暂时客寓他乡（或他国）时所应该遵循的原则。

　　如果是移民海外或在异国长期居住，那又有另一番原则需要遵循。礼仪规定，"君子行礼，不求变俗"（《礼仪·曲礼下》）。这是指长期去国，定居他国的人，若举行礼仪，不可以轻率地改变其固有的礼俗。祭祀的礼仪、居丧的服制等，都要像在本国一样，遵守先代礼法，审慎施行。这是坚守自己的文化传统，是不忘本的表现。否则，轻率地抛弃自己的礼俗，一切都遵从他国的习惯，就成了忘本之人。

入乡随俗（或入国问俗），是对异域文化的尊重；不求变俗，是对自身文化传统的坚守。两者各有其适用的时机与范围，不可混淆。每个不同文化区域的个体，若都具备这种既珍视自身文化传统而又尊重他人文化传统的意识，世界将会变得更加和谐、美好。

爱　物

公共场所一般都会有一些公共设施，这些设施是为方便众人而设置的，我们理应爱护。旅行在外，不要在建筑、雕塑，尤其是文物上刻画。为保护建筑、文物，相关单位不妨设置专门的题名板以供游客题名。

大自然是我们赖以生存的环境，各种生物与人类息息相关、共生共荣。爱护自然，就是爱护我们自己的家园。古礼规定，春天的时候，不可以伐木、破坏鸟巢，不可以杀死幼虫、怀孕的母兽，不可以掏鸟卵（《礼记·月令》）。不论何时，都不可以用太细密的网捕鱼，那样会将大鱼、小鱼一网打尽（《孟子·梁惠王上》），不利于生态的平衡。

儒家讲究"亲亲而仁民，仁民而爱物"（《孟子·尽心上》），仁爱的范围不断推扩。孔子畜养的狗死了，让子贡把它埋葬，并交待说："我听说破旧的帷帐不丢弃，可以用来埋马。破旧的车盖不丢弃，可以用来埋狗。我家贫穷，没有车盖。你埋的时候，用一张席子把它包裹起来，不要让它的头陷没在泥土中。"（《礼记·檀弓下》）

程颐是北宋时期的大儒，人称伊川先生，他做过宋哲宗的老师。一年春天，年少的哲宗攀折柳条来玩，被伊川先生看到了。他严肃地劝谏说："春天是万物生长的季节，不可摧折啊！"（《宋元学案》卷十五）孔子、伊川正是本着爱物之情行事的。

林语堂批评传统社会，说："一个家族，一如朋友，构成铜墙铁壁的

堡垒。在其内部为最高的结合体，且彼此互助，对于外界则取冷淡的消极抵抗的态度，其结局，由于自然的发展，家族成为一座堡垒，在它的外面，一切的一切，都是合法的可掠夺物。"（林语堂《吾国与吾民》第六章，第165页）其实，恰好相反，家族不是密不透风的堡垒。

郑愁予说的好，"出门一步，便是江湖"（转引自王鼎钧《怒目少年》第一部，生活读书新知三联书店，2017年，第3页），那家族自然是温馨的港湾了。家族是开放的，不是封闭的，有多少人从这里扬帆起航，去领略更广阔的江湖风景（宾主）。江湖并不是弱肉强食的丛林，自有其道义，那里更多的还是温恭谦让、同舟共济。掠夺从何谈起呢？如果我们把每个个体比做江湖里的鱼，那么礼仪就是江湖里的水，没有了水，人与人之间只能以沫相濡。中国人终究是要叶落归根，多少人客游倦了，收拾起行囊，选择返航。港湾（家族、五伦）也好，江湖（宾主、万物）也好，在礼教的化育下，都如阳春时节，春风拂过，万物熠熠光辉。

思考讨论

在公交车里，我们应该注意哪些礼仪？

链接

同乐天和微之深春二十首（其十六）

唐·刘禹锡

何处深春好，春深幼女家。双鬟（huán）梳顶髻（jì），两面绣裙花。

妆坏频临镜，身轻不占车。鞦韆（即秋千）争次第，牵拽彩绳斜。

（《刘禹锡集》卷第三十二）

次韵定慧钦长老见寄八首（其一）

宋·苏 轼

左角看破楚，南柯闻长滕。钩帘归乳燕，穴纸出痴蝇。

为鼠常留饭，怜蛾不点灯。崎岖真可笑，我是小乘僧。

（《苏东坡全集》卷第二十三）

跋：百姓日用而知

读古人书，经常看到一句话，"百姓日用而不知"。细细玩味，会发现它跟风行一时的"启蒙"一词，颇有异曲同工之妙。它们都包含几许遗憾与一份责任。毋庸置疑，人们常把那遗憾归属于百姓。责任嘛，当然被学者义不容辞地揽去了。我也曾经持这样的观点，也曾经以肩负责任而变得有些自命不凡。

然而，我发现自己错了，因为"百姓日用"居然启发了我的"不知"。前贤告诉我们，伦常是中华文化的核心。对此，我一度坚信不疑。然而，翻开《礼经》（《仪礼》），映入眼帘的却是满纸的"宾"、"主人"。这是为什么呢？研究生毕业（2009 年），我选择了工作。工作之余，我几乎把全部精力用在诵读《礼经》上。夙兴夜寐，俯读仰思，有一日忽然会悟到醴、酒的差异以及"醴宾"的意义（这些思考后来撰成《醴、酒、玄酒——周公制作管窥》一文。此文收入《礼乐中国——首届礼学国际学术研讨会论文集》，上海书店出版社，2013 年）。儿时的生活画面不知被什么东西触动了，瞬间——浮现在眼前。那是皖北一个普通的村庄。那时，人们日出而作，日入而息，日常往还的除了同村人外，便是邻近几个村庄的人。邻村人虽是异姓，不知从何时起，也叙起了辈分，彼此以叔伯兄弟相称。人们活动的核心区域，大概是方圆五里以内的范围。而货郎是唯一不时进入这个范围的外乡人。

人们跟那货郎讨价还价时，照例带几分嬉笑。即便生意没有谈拢，若是到了晌午，也会热情地邀请他到家中做客。在我的记忆中，父亲就曾不止一次招待过这些外乡人。那天没有杀鸡具黍，只是粗茶淡饭。父亲兴致很高，热情倒比接待远亲还要多几分。外乡人略显矜持，却也与主人相谈甚欢。临别前，那外乡人慷慨地以货物（两个竹篮子）相赠。宾主之间推了又推，让了又让，最后父亲挑了一个次品留下。这一切，我看在眼里，印在心里，只觉心头涌出一股暖流，有一种莫名的感动。我没有想到，自己有朝一日会远离家乡，客居在陌生的城市；更没有想到，城市里处处是外乡人，却没有见过那样的人世风景……就这样，在海淀黄庄那十几平米的蜗室里，皖北农人的"日用"为我打开并印证了两千年前的一部伟大经典。这部经典所包含的礼学思想（宾主与五伦是礼教的双核），或许可以消融城市里陌生人之间的疏离与隔阂，在钢筋水泥的画板上，描绘出一幅充满温情的人世风景。

谁说百姓"日用不知"呢？千百年来，他们自觉地遵循着古老的礼仪原则行事。真正不知的是研究礼学的我呀。从此，我明白了，不论是在经典面前，还是在血液里承载着几千年文化基因的每个普通百姓面前，都应该抱有十二分的谦逊与敬意。因为，不知什么时候，经典里的一句话、普通百姓的一个举动又会祛除我在某些方面的无知。古老的经典、悠悠的人世，曾经融为一体，那是先贤留给我们的一幅美好的礼乐风景。从风景里走出来的人，从容优雅，顾盼生辉，让人不由得心向往之。